JN078266

柳家

さん喬一門本

～世にも奇妙なお弟子たち～

さん喬と弟子たち 著

はじめに

この度は、さん喬一門の本をお買い上げくださいまして有り難うございます。

一門全員が執筆するという貴重な機会をいただき、有り難く存じております。このような本が過去にあったかどうかは存じませんが、とにかく皆が入門時を改めて思い起こし、それがまた自己を見直す良い機会になったと思います。

もちろん私も入門時のことや、一緒に修業した兄弟弟子たちのことを改めて思い起こしました。どんなしくじりをしても、それが思い出として残っているのは不思議です。

私の師匠はご存知、人間国宝・五代目柳家小さんです。厳しく優しく、細やかな、ちょっぴり強情な、可愛い師匠でした。師匠の元での前座修業は、楽しいような、苦しいような、せつないような、嬉しいような、摩訶不思議な五年あまりでした。

私の弟子たちは、どのような気持ちで前座時代を過ごしてきたのでしょうか？　今回、初めて一門全員の物語を読むことになりました。それぞれがどんな想いを胸にして、世間から逸脱してこの世界を選んで入ってきたのか？　どうして私を師匠として選んだのか？

噺家をどうして職業として選んだのか？　落語という芸の世界へどんな憧れを描いて入って来たのか？「のか、のか」ばかりですが、それぞれが何か一途な想いを持って、この世界に入って来たのだと思いますが、何が彼らの背中を押してくれたのか？　それらを改めて尋ねてみる本となりました。

現在、十二名の直弟子がいます。それぞれ一生懸命、噺家としての努力をしているようです。芽が出て枝葉を付け、花を咲かせるまで見届けなくてはと思いますが、私がとやかく言わなくてもちゃんと育って、それぞれに花を咲かせていくでしょう。

私の所へ来てくださった弟子入り志願の方は、三十数名だったように記憶しています。一度断って、そのまま来なくなった方もいれば、何度も訪ねてきても縁がなく、お弟子として取ることができなかった方もいます。その方々が今どんな人生を過ごしているかは知るよしもありませんが、きっと「噺家にならなくて良かった！」と思っておいでだと思います。

私が入門した昭和四十年頃は、噺家タレント時代の幕開けの頃でした。若手の先輩たちは、テレビの司会やレポーター、大喜利番組でお茶の間の家族を笑いに巻き込んでいました。楽屋は戦後のベビーブームや、そんな先輩にあやかろうと、入門した前座たちで溢れていました。

　私もその一人ではありましたが、タレント志向はなかったように思います。あまりテレビも観ないので、落語家の社会現象にうとかったこともあります。

　噺家の前座として、師匠小さんの芸の奥深さを感じ、文楽の軽やかさ、圓生の緻密さ、志ん朝の粋や勢い、談志の毒舌、なんと言っても三平のサービス精神等、ほかの多くの噺家の芸に前座として魅了されていた頃でした。


　子供の頃は、花菱（はなびし）アチャコ、浪花千栄子（なにわちえこ）の「お父さんはお人好し」や「しろうと寄席」「とんち教室」など、寄席番組が華やかな時代のラジオにかじりついていました。テレビが普及しだした頃には、クレージーキャッツに腹を抱えて笑って、雲の上団五郎一座の舞台中継を観て、八波（はっぱ）むと志や三木のり平に憧れ、週一度の「お笑い三人組」を何よりも楽しみにしていました。反面、ＮＨＫの「夢であいましょう」のちょっぴり気取った笑いに、興味を持ったりしていました。

　浅草まで歩いて十分ほどの本所（ほんじょ）という所で生まれ育った私は、祖父に連れられ、浅草公園六区の興業街によく出かけました。当時は映画館の中には警官が検閲する席も残っていて、子供心に何の囲いだろうと思っていました。大宮デン助劇場の喜劇を観て大人と一緒に笑ったり、浅香光代（あさかみつよ）や大江美智子（おおえみちこ）の女剣劇の人情物に涙を流している大人たちを不思議に思い、花やしきのお化け屋敷に入るのが怖いくせに、強がって入れば、祖父の袖をしっかり握り、半分目をつむって、きゃーきゃーと言いながら外へ出ると、何もなかったような顔をして祖父の袖を離しました。

鬼退治は、必ずやりたい遊びでした。大きな作り物の赤鬼のお腹に的があり、そこを狙ってボールを投げ、命中すると金棒を持った鬼が両手を挙げて「ギャオー！」と叫ぶ、それを見て笑って喜んだりしました。ジエットコースターは、いつ軌道から外れるか分からないことに恐怖を覚え、顔に受ける強い風で涎（よだれ）を噴き飛ばしながらはしゃいだりしました。あっという間に楽しい時間が過ぎ、浅草の雷門の所にあった街頭テレビを観ながら帰路につきました。

当時の娯楽は誠に稚拙で、今の時代とはまるで違う世界でした。落語、喜劇、映画、街頭テレビ、花やしき、今その頃のことをふと思い出すと、その頃の笑いの世界のほうが身近だったし、楽しかった。それは噺家になったから思うことでしょうか。

今こうして噺家でいるのは、子供の頃に出会った色々なことが礎（いしずえ）になってのことなのかと思う時もあります。しかし、中学校、高校とそんな世界とは無縁に育った私は、やがて小学校か中学校の先生になりたいという夢を持つようになりました。

高校時代、クラスメートが「小噺研究会」などというクラブ活動を立ち上げました。人数が少ないから入ってくれと誘われて、その会に入ります。

当時、私は「生物部」に所属していましたが、その小噺研究会の顧問の荒井先生が親切にしてくださったことや、生物部顧問の北原先生のご理解もあり、文化祭で生物部と兼部することを許してくださって、初めて人前で落語を一席やることになりました。演目は、野晒（のざら）しでした。

親や兄弟、親戚なども聞きに来てくれて、生徒や先生たちも結構笑ってくれました。何か嬉しい気持ちになったのを覚えています。小学校、中学校の学芸会で劇の主役を二度ほど経験をしたこともありますが、人前で一人きりで話すことは初めての経験でした。

高座をおりて、皆んなが面白かったと言ってくれたのが心地良かったことは確かでした。

やがて色々なことがあり、大学進学に挫折し、勉学に意欲がなくなり（もともと意欲はありませんでしたが）成績は面白いように落ちていき、担任の渡辺先生が心配してくれて、私を教員室に呼んで「この成績では大学進学などおぼつかないぞ、この先どうするんだ！」と言われた時、あまり深く考えずに「先生！　私、落語家になります！」と答えたのが運の尽きでした。気が付くと、いつの間にか噺家行きの列車に乗ってしまったのでした。

私の弟子たちもひょっとして、気が付いたら噺家行きの列車に乗ってしまっていたのではないか？　自分の行きたい場所と行き先が違う列車なのに、たまたま目の前に停まった列車が「噺家行き」で、何も考えずにその列車に乗ってしまい、たどり着いたのが「さん喬」という駅だったのかもしれません。ここは終点ではなく、乗り継の駅であってほしいと思います。

降り立ってみると、何となくその環境が自分に合っていて、居心地が良いのかもしれませんが……。

知り合いのつてで師匠のお宅に伺い、師匠を目の前にした時は身体が動かないほど緊張しました。その時に師匠に言った言葉が「大学へ四年行ったつもりで頑張りますから、宜しくお願い致します」でした。

何てバカなことを言ったのだと今でも思います。四年経ったら卒業できるのか？　そんな世界ではありません。「死ぬまで修業です」と仰った名人八代目桂文楽の言葉を思い出すと、今でも赤面してしまいます。

師匠の五代目柳家小さんに入門を許していただき、段々慣れて来ると、自分が「何でここに居るんだろう」とよく思いました。初めて会う先輩たちとその日から一緒にご飯をいただき、冗談を言い合い、掃除や洗濯、買い物、犬の世話、お遣いに出たりして、近所の人と顔見知りになり、「小さん師匠のお弟子さんよ」とか、いつの間にか芸名を覚えてくれて「小稲ちゃん」とか呼ばれたりして、噺家の世界に浸かっていくと、今までの自分の生活とはまるで違う世界で過ごしていることを不思議だと思わなくなりました。

そんな中で、初めて師匠が私を芸名で呼んでくださった時の嬉しさが強く思い出として残っています。入門して二週間ほど経った時でした。

師匠のお宅でゴロゴロして、兄弟弟子とじゃれ合い、世の中のことは違う世界、しくじりは当たり前、そんな日々を過ごしているうちに前座から二ツ目になり、やがて師匠の後ろ楯で真打ちにさせていただき、弟子を取ることは師匠への恩返しと思い、弟子を受け入れて来ました。そして今、十二人の直弟子を持つ身とならせていただきました。もちろん、ほかにはもっと沢山のお弟子さんを育てている師匠もおいでになります。「大変だろうな?! 凄いな?!」と思います。

私には、何の才覚もないのに、なぜか弟子たちがいます。ひとりひとりの人生を預かっていると思うと、弟子に取ってしまって申し訳ないと考えたりもしますが、私なんかが噺家として生きているのだから「何とかなるさ！」と達観するより仕方がないでしょうね！

目の前で弟子たちがワイワイ騒いでいるの見ていると、ふと「私は何でここに居るんだろう」と思います。

柳家さん喬

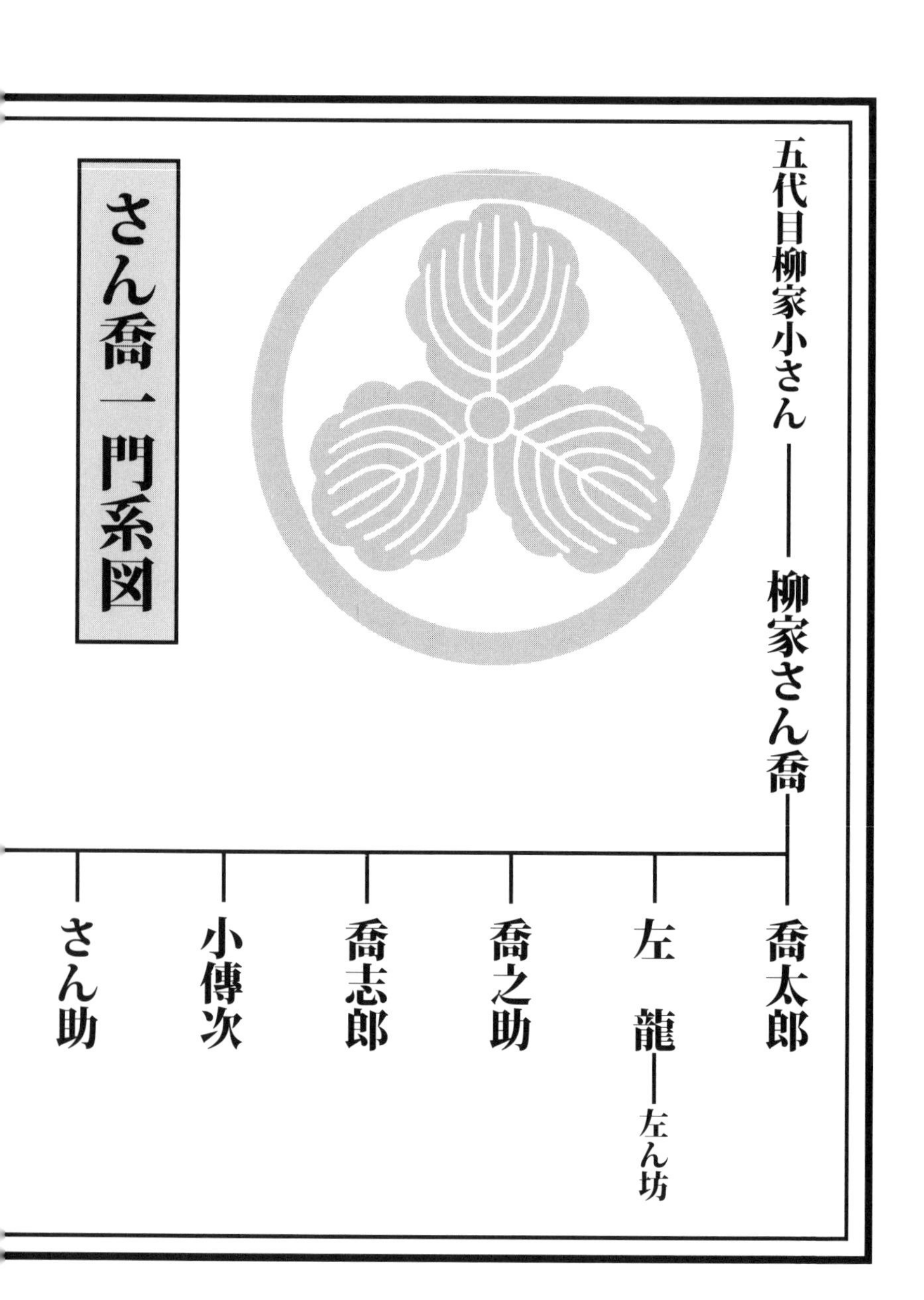
さん喬一門系図
五代目柳家小さん
柳家さん喬
喬太郎
左龍
左ん坊
喬之助
喬志郎
小傳次
さん助

小平太
小志ん
㐂三郎
さん花
やなぎ
小きち

目次

一席目●発端

柳家やなぎ

生年月日／1990年2月18日
出身地／北海道野付郡別海町
出囃子／年増
紋／丸に三ツ柏

師匠からひと言

やなぎのこと

やなぎは、北海道に生まれておおらかに育った。牛と語らい、青い広い空を望み、夜は降るような星に囲まれ、雪が降ればその白い平原に身体を放り出し、春には雪解けの川の流れに耳を傾け、自然の中に自分を溶け込ませて育ってきた。

それが映画の仕事がやりたくて、殺伐とした都会に出てきて、暗い空を望み、夜は星の代わりに輝くネオンの明かりに囲まれ、泥のような川の流れに耳を傾け、雨が降れば近くのビルに駆け込み、雑踏の中に身を溶け込ませて暮らす、そんな毎日になって、いつのまにかカントリーボーイがシティボーイになった、かな？

自分一人ですべてを演出する落語と触れ合い、映画とは違う世界観を見出して、噺の世界に没頭したようだ。牧歌的な性格は噺家にあまり向かないように思ったが、それが持ち味になったのか、「かわいい ?!」などと言われて喜んでいる姿も何やら牧歌的！

全国から大勢の噺家が誕生しているが、誰が何処の出身かまではなかなか分からない。「てやんでぃ！ すっとこどっこい！ べらぼーめい」などと江戸っ子でない噺家が、啖呵（たんか）を切っても何ら違和感がない時代になった。噺家になって十年過ぎた今、北海道の平原から出てきたやなぎに何が芽生えて来ているのか？

入門当時から徐々に太り始め、とうとう 100kg を越えた。銀座のショーウィンドウに映った己の姿にふと足を止め、それからやなぎはダイエットに芽生えた。頑張れ、シティボーイ！

お初にお目にかかります。師匠さん喬の十一番弟子、柳家やなぎと申します。のんびりと私の駄文をご覧いただけますと幸いです。

今回このような機会をいただき、改めてこれまでを振り返ってみますと、門弟に加わりましてから、十年という年月が終っておりました。思えばすべて、

「弟子にしてください」

と、あの日、はじめて師匠に伝えたことから現在に至るのだなぁと、しみじみ思い出します。

私がはじめて弟子入りのお願いに向かったのは、東京・上野にある鈴本演芸場でした。三月下旬、雨がパラパラと降る中、傘も差さずに大きな寄席幟（のぼり）の下で、後に弟子入りする師匠さん喬を待っておりました。

傘を差さなかったのは、「雨に濡れることで一途（いちず）さ、健気（けなげ）さを演出する」「何となく気味の悪い佇（たたず）まいで、断りにくくした」などの意図は一切なく、傘を忘れてしまったからです。

道路警備のアルバイトの休日、意を決して演芸場にやって来ました。

その日、師匠は仲入り前の出番で水屋（みずや）の富（とみ）を演じていました。この落語は、寄席において滅多（めった）に出会（でくわ）すことのない噺だと思います。

私はこの時、生まれてはじめて師匠の語る水屋の富を聴き、改めて知りました。

「この師匠はすごい」

それまでも何十回と師匠の高座に触れておりました。お馴染みの噺や滑稽噺、子供の出てくる噺等々。そんな笑いの多い噺を語る師匠の高座は、至福の一時でした。

その日もワクワクしながら、出囃子に胸を躍らせ、師匠の登場を待ちわびておりました。師匠が語り始めた途端、頭の中を噺の世界がまるで閃光のように駆け巡りました。この感覚は、後述する、はじめて落語を聴いた時の衝撃に、極めて似ていました。

前日から「駄目元で弟子入りをお願いしてみよう」と思っていた私の心は、「絶対に、この師匠の弟子になるんだ！」という、確固たる決意に変わっていきました。

あまりの衝撃に、仲入りの時間が来ても、しばらく座席で放心してしまいました。が、ハッと弟子入りを思い出し、急ぎ木戸口を抜けて幟の下で師匠を待ちます。

雨が身体に降り注ぎますが、そんなことは気になりません。往来を行く人々の視線を感じますが、そんなことは気になりません。今はただ、この溢れ出る想いをぶつけるのだ。そして、弟子にしていただくのだ。

私の未来は、薔薇色です。とてつもない自信がありました。

「お疲れさま」

師匠が従業員さんに声をかけながら出て来ました。「普段は洋服なんだ」とか「リュックを背負うんだ」などと考えている間に、もう目の前に。いざとなると、声が出ません。

「早く言うんだ！　帰ってしまうぞ」

自分で自分を奮い立たせます。去ろうとする師匠の後頭部目掛けて、

「さん喬師匠、弟子にしてください！」

言えた！　精一杯の声を絞り出しました。

気がついた師匠が、ゆっくりとこちらを振り返ります。その表情は優しく、とても慈愛に満ち、まるで私のすべてを受け止めてくれるかのようです。

その瞬間、私は「弟子になれた！」と確信し、心はガッツポーズ。今にも小躍りしてしまいそうでした。私の前座名は果たして、何になるのだろう。

ゆっくりと、師匠が口を開きます。

「僕は今、お弟子さん、とらないから」

すべてがガラガラと音を立てて崩れていきました。あれ？

私が生まれたのは、北海道の東端にある別海町（べつかいちょう）という町です。人口は約一万五千人。田舎にしては、人口の多い町です。ただ、町の面積が香川県と同じくらいあるので、どこに

出しても恥ずかしくない田舎町です。

実家は、酪農業を経営しております。現在は次兄が跡を継ぎ、牛舎を新しくするなど、ずいぶん達者にやっています。

もともと実家は、山形でなかなか裕福な大工の一家だったそうですが、若旦那だった曽祖父が十代で女遊びを覚えてしまい、身代を潰し、知り合いを頼って北海道に渡り、泣きながら牛を三頭譲ってもらい、昭和の初めに別海町へ入植したと聞きました。もう、落語です。人情噺です。

生前、曽祖父は「もし、山形へ行く機会があっても、本当の名前を言ってはいかんぞ。石を投げられるから」と、一升瓶を片手に言っていました。お前のせいだろ！　芸名があり、本当に良かったです。

そんな家で百頭を超える牛と、兄三人に囲まれ、男四人兄弟の末っ子として誕生いたしました。

男所帯は、にぎやかで楽しい反面、つらいことも多かったように思えます。喧嘩（けんか）は日常茶飯事ですし、自分のおかずがなくなっていることも。

一番つらいのは、家の中に華がないことです。幼い頃から女きょうだいがほしかった私は、父親に「どうして僕には妹がいないの」と、無邪気に尋ねます。すると、父が悲しい顔をしながら「お前が男に生まれたから」。

どうやら私は、最後の希望だったようです。どうりで就学前の私はスカートを穿いて、写真に写っているはずです。

あの時の父の表情を忘れることはありません。

中学を卒業すると、隣町の高校に通い始めました。北海道中標津高等学校。私の母校です。地元の別海町にも高校はありますが、隣町のほうが若干栄えており、当時はボウリング場やカラオケボックスなど、なんとも青春を謳歌できそうなスポットもありました。

高校生活は楽しかったです。健全な男子高校生らしく、部活動に打ち込み、授業中にお弁当を食べ、三時限目から登校したものです。ただ、共学だった気がしますが、なぜか女子生徒の姿は、私の瞳に映りませんでした。どうしてでしょうね。

何となくぼんやり過ごしていくうちに、いつしか三年生になり、暦の上では夏が訪れていました。

クラス中が自分の将来と真剣に向き合い始めました。進学や就職と。ついこの間までじゃれ合っていた友だちも例外ではありません。

今まで、好きなアニメやゲーム、前夜に見たサッカーの試合のことを話していた休み時間。それがいつしか、気に入って使っている参考書や、オススメの英単語の覚え方、行きたい大学、就きたい職業を目をキラキラさせながら、話し合う時間に変わっていました。

しかし、私だけが変わりません。一人だけ取り残されていました。

もちろん、授業中にお弁当を食べたり、しっかりと睡眠をとっていた私には、板書された文字が何を伝えようとしているのか、さっぱりわかりません。

自分の将来に向き合うことから、自然と逃避していきました。良いことがあるはずもないと、心のどこかで思っていたのかもしれません。

落語と出会う前は、テレビに映る漫才やコント、バラエティ番組を貪るように観ていました。

元来、お笑いは大好きで、華やかな画面の先を見ているだけで、すべてを忘れることができました（好きが高じて、後に上京した際、当時、巣鴨でお店をされていた「地下鉄漫才」でお馴染みの春日三球（かすがさんきゅう）師匠に会いに行ったほどです）。

そんなある日、テレビを観ていたら、若い芸人さんの批評をしているバンダナを巻いた男性の姿が目に飛び込んできました。「ずいぶんと変わった名前だなぁ」と思ったのを覚えています。

立川談志師匠でした。

「一体、この人は何者だろう?」と調べてみると、落語家であると知りました。「世の中には、そんな仕事もあるのか。知らなかったなぁ」と。せっかくだから、これも何かのご縁と、落語を聴いてみることにしました。偉いぞ、自分。

私が通学に利用していた路線バスは、日に四本、片道四十分ほど。乗車している間は、持参したCDプレーヤーで音楽を聴いて過ごすのが日課でした。この時間を利用して、落語を聴くことにした私は、図書館の貸出コーナーへと向かったのです。

小さいコーナーには、二十枚ほどの落語のCDが並んでいましたが、何が何やら、まるでわかりません。違いのわからない男「私」は、適当に棚の一番右端のCDを借り出すことに。この判断が、私のターニングポイントになりました。

早速、帰りのバスの中でCDを再生しました。イヤホンから、三代目桂三木助師匠の芝浜が流れ始めます。

私に、かつてない衝撃が走りました。

聴き始めこそ、「芝って、どこだよ」「八十二両って何だよ」と茶化しながら聴いていいましたが、物語が進んでいくうちに、頭の中を風景がワァーっと広がっていきます。

　このＣＤは大当りです。目で見ているわけではない景色が目の前に現れたことに、今まで感じたことのない感動を覚えました。もう、テレビの世界では満足できません。

「自分は、とんでもないものに出会ってしまった」

　嬉しさが込み上げてきます。

　高校三年生。初雪が冬の訪れを告げる頃のことです。


　月日が経ち、春。私は上京しました。

　名目上は、専門学校への進学のためでした。もちろん、興味のある分野を学習することが目的ですが、寄席に出向き、「生の落語に触れてみたい」というのも、れっきとした目的でした。

　はじめての落語体験から高校卒業までに手当たり次第、ＣＤを借りました。後に大師匠（おおししょう）となる柳家小さんを始め、圓生（えんしょう）師匠、彦六（ひころく）師匠、金語楼（きんごろう）師匠、今輔（いますけ）師匠、米朝（べいちょう）師匠などなど。すべて音声でしか触れていません。

　ただし、田舎とはいえ、実際に生の落語を聴く機会がまったくなかったわけではありませんでした。

ある時、高校からの帰り道、近くのホテルで落語会がありました。ですが、当時の私は「こんな田舎町に来る知らない亭号の噺家さん。ふーん。別に行かなくてもいいや」と生意気にも行かなかったのです。入門後に、その噺家さんが、あの、あのね、入船亭扇遊（いりふねていせんゆう）師匠だと知りました。

「行けよ、自分！　何をしてんだよ！」

もしも、タイムマシンがあるのなら、ひっぱたいて首に縄をつけてでも、連れていきます。

はじめての寄席は、新宿末廣亭でした。それはそれは、まるで夢の中かと錯覚するほどに楽しく時が過ぎていきました。

はじめて聴く演目の数々。特に感慨深かったのは、色物さんの存在です。落語が続き、頭がボーっとしてきた頃に紙切り、太神楽（だいかぐら）曲芸、手品、漫才などがオアシスのように流れ込んできます。この寄席の満足感たるや、学生割引で入場したのが申し訳なくなるくらいでした。

皆さま、ぜひ寄席に足をお運びくださいませ。

それからというもの、昼は学校、夜はアルバイト、週に一度寄席に行くという生活が始まりました。

一年もすると、昼夜が寄席、深夜はアルバイト、週に一度学校へ行くという大変な親不孝者が出来上がりました。

しかし、どういうわけか落語家になろうとは、これっぽっちも考えませんでした。自分の中で落語は、あくまで「観る・聴く」趣味であり、自分が「落語を演じる」ことは、夢のまた夢でした。

そんなある日、気ままな私へ、親からの最後通告が届きます。

「二十歳までに、自分の筋道をはっきりさせなさい」

タイムリミットはあと半年。どうしよう。学歴ない、職歴ない、根性ない、ないない尽くし。ここまでくると、かえって開き直ることができました。

「どうせ何もないのなら、一度の人生、好きなことで生きてみよう」

たった、これだけの思考の変化で、私は落語家を目指すことにしました。まったく単純な私。情けないヤツですな。

寄席以外にも、ホール落語と呼ばれる会にもお金を貯めて出向きました。ところが、師匠さん喬の高座は、寄席でしか聴いたことがありません。これは、まったくの偶然です。はじめて聴いた師匠の演目は、初天神。無邪気な子供がなんとも可愛らしい噺です。師匠と出会ったこの噺は、いまだに私の宝物です。

それから寄席へ行くたび、師匠が出演していることに気がつきました。行くたびですから、何十回、高座を聴いたかわかりません。

ただ、不思議に思うのは、何十回のうち、聴いた演目数は片手で数えられる程度。当時も今も師匠は、数十種類の演目を、その日の寄席の雰囲気に合わせて変えています。弟子入りをしてから知りましたが……。

とある日のこと、噺家になった私の拙い高座をお聴きになったお客様がこうおっしゃいました。

「何度聴いても面白い」

もう、天にも昇るような気持ちです。一人でも多くのお客様に、このようにおっしゃっていただけることが私の最大の目標です。そうです！　これこそが、私が師匠さん喬への弟子入りを決めた大きな理由なのです。

何十回と聴いた高座のうち、聴いた演目数は片手で足りる。しかし、「またこの噺か」と、ため息をついたことは一度もありません。何せ、同じ演目でも同じではないのです。「この噺の展開は、これからこうなる」とわかっていても、師匠が発する微かな違いが、やがて大きな波となり、こちらは為す術もなく飲まれてしまうのです。

気がつくと、涙を浮かべながら笑っている。

「あぁ、同じ噺をこんなにも新鮮に聴かせてくれるなんて、素敵だなぁ」

昔、「野ざらしの柳好」と呼ばれた、三代目春風亭柳好師匠のように、「初天神のさん喬」として、日夜一つの噺を研ぎ澄ましているのではないだろうか、と妄想をするまでになってしまいました。

そして私は、雨の降る上野鈴本演芸場へと向かうのでした。

(余談ですが、師匠のさん喬に弟子入り志願をした理由の一つに、「お弟子さんが多くて、楽しそう」というのが、少しだけありました。割合としては、ほんの八割くらいでしょうか。まぁ、あくまで余談です、余談)

「僕は今、お弟子さん、とらないから」

弟子になれなかった……。まったく想定していませんでした。

自分へのお祝いに、とんかつを食べようと思っていた私は、何を食べたら良いかわかりません。降り注ぐ雨が、少々塩辛くなって頬を伝っていきました。

私は、「弟子入りできたら辞める」と伝えていたアルバイト先に電話をかけます。

「もしもし、卯野（うの）（私の本名）ですが」

「卯野さん？　あ、どうでした、弟子入り」

「いやー、駄目でした。断られちゃいました。引き続きよろしくお願いします」

ここで、事務員さんの一言に気づかされます。

「そうですよね。私もよくわかりませんが、そういうのって、何度も何度もお願いして、それでようやく、許してもらえるんですよね。すごいですよね。で、卯野さん、次のシフトですが……」

そうなのか。一度じゃ駄目なのか。よし、こうなったら、何度でも行ってやる！

師匠からすると、こんなに迷惑なことはないと思いますが、それから弟子入り行脚（あんぎゃ）が始まりました。

上野、新宿、浅草、池袋。昼夜構わず、お願いに行きました。

「あぁ、君か」

「また来たのか」

「今、ほかにイケメンの子が来ててね」

師匠が断り口上をいくつも並べます。私は根性こそありませんが、図太い性格です。師匠の口上を右から左へ、まったく受け付けず、何度も通いました。


三度目のお願いをした時は、末廣亭でした。

裏口で待ち構えていると、師匠はひどく急いで出て来ました。その日、すぐに池袋演芸場の出番があった師匠は、自家用車で来ていました。

「ごめんね。ちょっと急いでて」

そうか、今日も駄目か。

「だから、ついて来て」

気がつくと、私は助手席に乗っていました。そこで、生い立ち、故郷のこと、現在の生活などを聞かれました。

ここで再び、意を決します。

「さん喬師匠、弟子にしてください！」

「おいおい、動揺するようなこと、言わないでおくれよ。事故ってしまうだろ」

師匠の車の助手席に乗れたことは、その後の大きな励みとなりました。

その後、師匠に何度も何度も弟子入りをお願いしましたが、どうしても許してもらえません。私がどんなに図太い性格でも、さすがに心が折れそうです。

今回が最後のお願いだと自分で決め、末廣亭にやって来ました。前回、履歴書を渡していた私は、「これで駄目なら、もう駄目だろう」と感じていました。

戸が開き、師匠が出て来ます。その横には、後に兄弟子となる、さん弥（現・さん助兄(あに)）さんの姿が。

「あぁ、君か。これ、ウチの弟子でさん弥。これから食事をするけど、一緒にどうだい」

近くの担々麺の美味しいお店へ。

注文を終えると、師匠が口を開きます。表情を見てみると、あの日の鈴本演芸場の時と、同じ表情です。おしまいだ……。

「いろいろ考えてみたんだけど、君を弟子にするから」

へっ？　弟子になっちゃった。あまりのあっけなさに、思考が追いつきません。

「何だよ、睨(にら)むなよ。さ、食べよう」

味は、まるでわかりませんでした。ただただ、体がフワフワしているような感覚です。

「ご馳走さまでした！」

さん弥兄さんと、二人、お礼を言います。

「じゃ、僕はこれで帰るけど、さん弥を残していくから。お茶でも飲みながら、この世界のことを聞いてみて」

本当に弟子になれたんだ。だんだんと嬉しさが溢れてきます。

さん弥さん、兄弟子になる方です。何を質問しようかと思いながら、師匠を見送ります。

「じゃあ、お疲れ！」

さん弥さんは、すぐに帰って行きました。これは愛のムチです。きっとそうです。

二〇一〇年、夏。私は柳家さん喬の弟子になりました。

ここまで未熟者の戯れ言にお付き合いくださり、誠にありがたく存じます。

では、この辺で。

二席目●何かいいことないかな

柳家小んぶ

令和三年秋真打昇進「柳家さん花」

生年月日／1979年8月1日
出身地／千葉県
出囃子／海女
紋／丸に三ツ柏

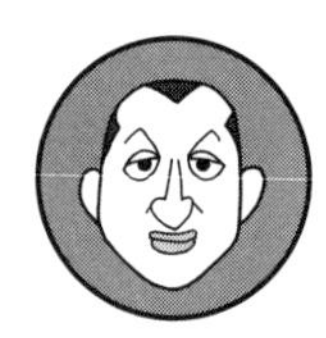

師匠からひと言

小んぶのこと

小んぶは身体が大きい、背も高い。私は小んぶと話す時、いつも見上げて話す。向こうは見下げて話す、それが悔しい。私は小んぶの師匠だ。それを彼奴（きゃつ）はいつも見下げている。たまには私を見上げて話したらどうだ。噺の稽古をする時も小んぶのほうが座高が高いから、やはり見下げられる。

小んぶは、父親を早く亡くしている。偶然だが、一門の弟子たちの下から四人は皆、父親を早く亡くしている、何かその分、優しく思いやりがあるように思える。いや、そうでもないかも？ いや、やっぱりそう思える時がある。それは私にではなく、兄弟弟子やほかの一門のお弟子さんたちにだ。小んぶは身体が大きいから、余計にそう思える。背の低い小太郎（㐂三郎）と腰を曲げて話している様子を見ると、何やら優しげだ。

小んぶは、テレビを持っていない。勧めても持とうとしない。持ちたくないらしい。今の時代、テレビを持っていないと情報が得られないと思うが、あらゆる情報を小んぶは持っている。今、人気のタレントさんや俳優さんはもちろん、社会情勢や天気予報まで、ちゃんと情報として持っている。私より遥かに多くの情報を得ていて、私が色々と聞くと、テレビもないくせにちゃんと答える。私が「そうなんだ！」と感心すると、鼻の穴を広げて得意そうな顔をする。やっぱり私を見下げている。今に見ていろ、必ず小んぶより背が高くなってやる。小んぶは、令和三年秋に柳家さん花として真打に昇進する。その時、もし見下げたら二ツ目に戻してやる！

私は落語に出会うのが、ずいぶん遅かったように思う。

私の父は団塊（だんかい）の世代で、高校を卒業するとすぐに東京に出てきて就職し、五十三歳で癌で亡くなるまでただただ働いた。高度経済成長からバブルまでは良かったが、その後はつらそうだった。

父は、亡くなる時、病床で私にこう言った。

「俺は退職して、老後、ぼんやり暮らすのだけを楽しみに生きてきた。だが、それも叶わず、間もなく死ぬ。お前は、最初から好きなことをやって生きていけ」

私はその時、何と答えたかは覚えていないが、そうしようとは思った。しかし、問題はやりたいことなど一つもないことだった。

将来の夢もなければ、信念もない。「疲れてないけど、楽がしたい」、それだけだった。

父の今際（いまわ）の際（きわ）の言葉を無下にもできず、とりあえず夢を追いかけていそうな人の真似をしようと、その当時、お笑いブームだったので、私は大学を辞め、芸人養成所に通うことにした。

そこの授業の一つで、落語のＤＶＤを見ることになった。その内容は、五代目小さんの笠碁（かさご）で、コロナも流行ってないのに無観客で、ただ淡々と右を向いたり、左を向いたりしながら語っていた。私は、その落語に衝撃を受けた。

それがはじめて見た落語だったので、落語には面白いつまらない、上手い下手があることも知らず、ただ無防備に見たのが良かったのかもしれない。

小さん師匠の落語を聞いているだけで、長屋に注ぐ日差しや、路地の土埃の匂いを感じた。人がしゃべるだけで、こんなことができるのかと驚いた。

私は「これがやりたい！」、そう思えた。

よし、落語家になろう。でも、どうやったらなれるんだ……？


インターネットで検索すると、「落語界は徒弟制度で、弟子入りしなければならない」と出てきた。なるほど！　小さん師匠に弟子入りしよう。

小さんで検索すると、小さん追善興行……。ん？　死んでる⁉　まいったなぁ。じゃあ、ほかの人に弟子入りしよう！

今度は、落語家で検索した。すると、三遊亭円丈師匠のホームページが出てきた。日記があったので、しげしげと読んでみる。なんだか気が合いそう！　足立区六町に住んでいるのか。行ってみよう。

詳しい住所はわからなかったので、六町に着いてから一軒一軒表札を確認するが、埒が明かない。そこら辺を歩いているおばさんに「三遊亭円丈師匠のお宅を探しているのですが」と尋ねると、お宅まで連れていってくれた。

緊張しながらチャイムを押すと、おかみさんが出てきてくださったので、「弟子入りしたいのですが……」と言うと家にあげてくれた。

円丈師匠にあらためて挨拶し、「弟子にしてください！」とお願いした。

円丈師匠は、「君は僕の落語、聞いたことあるの？」とおっしゃった。

私はびっくりした。弟子入りする前に、その人の落語を聞くものなのか……。

「すみません、ないです」

円丈師匠もびっくりしていた。

「え？　ないの？　君は誰が好きなの？」

この質問には、私は自信を持って答えた。

「柳家小さんです！」

円丈師匠は、またびっくりしていた。

「え？　柳家小さん？　あのねぇ。君が好きなのは柳派。僕は三遊派。違うよ」

何もかも終わった。

（こんな私にも今、楽屋で円丈師匠にお会いすると、話しかけてくださる。ありがたい）

気を取り直して、寄席に通い始めた。柳派だから、柳家の人が出ている寄席に行こう。師匠、柳家さん喬との出会いは、初夏の浅草演芸ホール昼席。浅い出番に出ていた師匠の演目は、初天神だった。

その日、昼夜で二十席くらい落語を聞いたが、師匠の落語は特別だった。何かが特別だった。その時点でも上手下手や、面白いつまらないという落語を測る物差しを持っていないため、何が特別なのかわからない。

「なんか違う！」

それが、第一印象だったと思う。

よし、この人を追いかけよう。それから数日おきに、寄席に通う。そば清、千両みかん、締め込み、ちりとてちん、代り目、短命、真田小僧、長短、天狗裁き……。

その当時は、何を聞いても演目がわからなかったが、聞いていて嫌なことが一度もなかった。聞くたびに、好きになる。

「この人が運命の人だ！」と思ったかどうかは覚えていないが、弟子入り志願する決心をした。

師匠は常に寄席に出ていたので、弟子入り志願し放題だった。はじめて出会った思い出の浅草演芸ホール、入り口向かいの交番の脇に身を潜めていた。

どうせ断られるのだろう。でも、一度断られたくらいで諦めちゃダメだ。あぁ、緊張するなぁ。

「師匠、弟子にしてください。師匠、弟子にしてください……」とぶつぶつ言いながら、師匠が出てくるのを待っていると、不意におまわりさんが、「何か御用ですか？」と話しかけてきた。

まずい！　おまわりさんと問答しているところを師匠に見られたら、印象が悪くなる。

「すみません、話は中でしましょう」

自ら交番に入って話を聞いてもらった。

翌日、無事に国家権力のお墨付きをいただいて交番の脇に堂々と身を潜めていると、師匠が寄席から出てきた。高座に上がる時と同じように、俯(うつむ)いてとぼとぼ歩いている。

二分ほど後を付けた後、師匠の前に躍り出た。

「師匠、弟子にしてください！」

「え？　俺？」

「はい！」

師匠は弟子入り志願に慣れているようで、

「まぁ、君の気持ちはわかったから、まだ気持ちが続くようならまた来なさい」

「はい！」

車に乗る師匠を見送った。後から師匠に聞いたら、弟子入り志願は皆思い詰めてくるから、無下に断ると自殺しかねないので、優しく断ってると言っていた。

そんな思いやりには、まったく気づかないので、師匠の「気持ちはわかった。気持ちが続くならまた来なさい」という言葉の真意をわかりかねた。

これは断られたのか、断られてないのかどっちなんだ？　でも、弟子に取らないと言われたわけではない。じゃあ取るのだろう。また行ってみよう。

数日して、また寄席から出てきた師匠に、

「弟子にしてください」

「あぁ、君か。暑い中、ご苦労だね。まぁ、気持ちはわかったから」

「はい！」

また、車に乗る師匠を見送った。

「あぁ、君か」って言ってた。師匠に覚えられてる！　一歩前進した、また来よう。

また数日して、寄席の前で師匠が出てくるのを待っていると、出てきた師匠が私に気づいて笑いかけてくれた。

冷静に考えれば、芸人は知った人に会うと自然と愛想よくするものだが、その当時はそんなこと思いつかない。これは取るんじゃないか？　すかさず、

「師匠、弟子にしてください」

「ははは、熱心だね。今度、話を聞くから。次は末廣亭に入ってるから、僕の出る時間に裏口で待ってなさい」

「はい！」

これは、もう弟子なんじゃないか？　違うか？

末廣亭は、裏口があったのか。入り口で眺めていても、芸人さんが出てこないのはそういうことだったのか。

今までは、毎日行くと師匠も気持ちわるいだろうから数日おきにお願いに行っていたが、もう少しペースを上げてもいいんじゃないか？　いや、焦らないほうがいいかな。

また数日して、今度は末廣亭の夜席だった。裏口らしきところで待っていると、師匠が楽屋入りしてきた。

芸人は夜でも「おはようございます」と挨拶することなど知らなかったので、私は元気よく「こんばんは！」と言って、師匠に近づいて行った。

「あぁ、こんばんは。三十分くらいで出てくるから、それまで待ってて」

「はい！」

高座を終えて出てきた師匠に連れられて、近くの喫茶店に入った。席に着くと、ウェイターが注文を取りに来た。

師匠が、「僕、ホット。君は?」。

暑かったのでアイスが良かったが、そんなこと言えるわけもなく、「同じのをお願いします！」。

師匠から名前、歳、出身地などを聞かれた後に、

「何で僕なの？」

「良かったからです！」

「ほかに誰が好きなの？」

「柳家小さん師匠です！」

「そう。ほかにも良い噺家いっぱいいるよ」

「はい！」

「うちは今、前座さんが三人通っていて、もういっぱいなんだよ」

「はい！」

「前座修業、大変だよ」

「はい！」

「噺家は儲からないよ」

「はい！」

「う～ん、少し考えてみるよ」

「はい！」

やんわり断ろうとする言葉をすべて「はい！」でやり過ごした。

「じゃあ、今日はこれくらいで」

「はい！」

一次面接は、無事終了した。

数日後、同じ場所で二次面接に臨んでいた。師匠は、もう弟子に取ってもいいが、特に理由がないというふうだった。師匠と私の間の特別な縁というものが要るようだった。

「君、ご両親は？」

「はい！　父が数年前に亡くなり、母は健在です」

「そう。お父さんは、何で亡くなったの？」

「はい！　癌で亡くなりました」

「そう。おいくつで？」

「一九四八年生まれで、五十三歳で亡くなりました」

「そう。鼠（ねずみ）年だね。ご存命なら、僕と同い年だね」

「そうなんですか⁉」

「うん、僕も兄貴を数年前に癌で亡くしているんだよ」

「⁉」

「これも何かの縁かなぁ」

「はい‼」

これで私の弟子入りが決まった。親父！　師匠と同い年で癌で亡くなってくれてありがとう！

Ｆｏｒｅｖｅｒ　鼠年
Ｆｏｒｅｖｅｒ　癌

弟子入りが叶って、あと何日すれば師匠の家に通えるとウキウキしている頃、師匠から電話がかかってきた。

「お前、円丈さんのところに弟子入りに行ったらしいな？」

ガーン！　Ｎｏ　ｍｏｒｅ　がん！

私は、今にも消え入りそうな声でぼそぼそ言った。

「はい…えっと、最初、小さん師匠に弟子入りしようと思って…、そしたら死んでて…それでネットで検索したら、円丈師匠のブログが出てきて…お宅に行ったら、三遊派と柳派は違うと言われて…それから寄席に通って…それで…ぼそぼそ…ぼそぼそ……」

するとと師匠が

「そっか、しょうがねえな」

ゆるされた!!　やった！　ガンガン行こうぜ！

とはいえ、そのことが後を引いて、弟子入りしてから、しばらく私はずいぶん暗かったように思う。

それで暗いのか、もともと暗いのか、見習いになった途端、怒られまくるから暗いのか……。とにかく暗かった。

それでも、思い出になってしまえば何でも美しいもので、前座修業は私にとって大変役立った。

何しろ、「疲れてないけど、楽がしたい」と「小さんの落語は、長屋に注ぐ日差しや、路地の土埃の匂い……」だけを抱えて生きている人間なんて、いずれ野垂れ死ぬだろう。師匠の教えてくれることは、落語にしろ噺家としての生き方にしろ、地に足の着いた真人間のものだった。

ただ、教えてくださるのは大変ありがたいが、どれだけ身に付いたかというと……申し訳ない限りである。

たとえば、師匠は縁を大事にする。少しでも世話になった人や、何か気にかかる人にはよく贈り物をする。

私はどれだけ世話になっても、贈り物などしたことがなかったので、驚いた。

週に一度、師匠は、ほど良い箱に相手が喜びそうなものをいくつか詰め、割れ物があるなら割れないように緩衝材を入れて贈り物をこしらえていた。

弟子は、師匠の雑用を代わるのが当たり前なので、私もはじめは「師匠、代わります！」などと意気揚々とやってみたが、ちっとも上手くいかない。

見ている分には、大したことがなさそうだが、物を上手に包むとか、家にあるもので見栄え良く飾り付けるというのは、よほど器用じゃないとできない。

私が代わってグズグズしていると、隣で見ている師匠が段々イライラしてくるのが伝わってくる。それで焦ると、余計うまくいかない。

終いには師匠に、「俺がやるから、洗い物をしてきてくれ」と言われる始末。その日は「はい！」と返事をして、流しに行ったが、そんなことを繰り返しているうちに「師匠、代わります」と言わなくなる。

かといって、作業している師匠を放っておくわけにもいかず、師匠の隣に座り、手伝えることがあれば手伝うが、大概は眺めているだけ。

たまに「ほぉう」とか「うんうん」とか感心しているような声を上げ、作業が終わると、今日も上出来だという顔をしてどこかへ立ち去るのである。

また、師匠はとても車好きで、車で行ける仕事なら、ほとんど車で行く。しかし、私は免許を持っていない。

どこへ行くのも、師匠が運転で私は助手席。師匠は、運転も上手なので快適である。

ある日、いつものように助手席に乗っていたら、どこかから消防車のサイレンが聞こえてきた。すると師匠は「消防車じゃないか」と言った。私は「はい！」と言う。

いくらかしてサイレンの音が近づいてくると、師匠がもう一度「消防車じゃないか」と言った。私は「はい」と言う。

対向車線の先にうっすら消防車が見えてくると、師匠が「消防車じゃないか」と言った。私は「はい」と言う。

いよいよ消防車とすれ違う時、師匠が「消防車だ」と言うので、私も「消防車です」と言った。

こんなことがあったので、よほど消防車がお好きなのだろうと後日、師匠に「消防車がお好きですよね？」と聞くと、「え？　そんなことないよ」と言われた。

師匠は、消防車とすれ違う時「消防車」と四度言うが、特別好きではないのである。師匠の好みというものは難しい。

お中元の時期が近づいた頃、私は母親から「師匠は、何がお好きなのか？」と聞かれた。お中元に消防車は無理なので、折を見て、「師匠、お好きな食べ物はありますか？」と聞いてみた。すると「桃が好き」と言ったので、そのまま母に伝えて、お中元に桃を贈ってもらった。

それが届くと、師匠が「小んぶ、お前の家から桃が来た。ありがとうな」と言ってくれた。

「喜んでもらえたのかな。良かったなぁ」と思っていたが、五日ほどして師匠から、「小んぶ、お前、桃好きか？　これ、食べごろだから、よかったらお母さんにも持って行ってあげなさい」と言われてしまった。どこから来た桃か忘れていたのだろう。

母には訳を話さず、桃を食べさせた。母は「今まで食べた桃の中で一番おいしい。師匠はえらい方だ」と喜んでいた。師匠の好みは難しい。

師匠と道を歩いていると、急に師匠が立ち止まった。歩道の端の植え込みを眺めているので、「どうしました？」と尋ねると、「かわいいな」と一言。

何かと思って師匠の目の先を見ると、一輪の小さな花が咲いていた。私がそれに目をやると、師匠がもう一度「かわいいな」。

私は何とも思わなかったが、黙っているわけにもいかず、「かわいいです！」。

すると師匠が「ふん」と、歩いて行ってしまった。こっちが何も思っていないことなど、お見通しなのだろう。

「小んぶ」という名前を付けていただいた時もそうだった。名前を貰うまで、本名で呼ばれていたが、ある日、師匠が寄席へ行くのでお見送りに行くと、別れ際に「今日からお前は、小んぶな」と言われた。

私はこれがちゃんと聞き取れず、「コング」と付けられたと思って「ありがとうございます」と返事できず、「えぇ……」と答えてしまった。

師匠もこっちの様子がおかしいのがわかったらしく、寄席から戻った後「『小んぶ』じゃ嫌か？」と聞いてくださった。

「あぁ、小んぶですか！　私は『コング』かと思って……。ありがとうございます！」と事なきを得た。

コングと比べれば、小んぶのほうがずっと良いと思ったが、小んぶ単体でみると「それほどいいか？」とも思う。今では、大変気に入っております。本当に。


こういう機会をいただいて、はじめて弟子としての自分を振り返ってみると、師匠の何の役にも立っていないのがよくわかる。

何か一つでも役に立ったことはないか……。

ありました。私は背が高いので、高いところにある荷物を取るのに重宝がられました。

あぁ、よかった。

三席目●二〇〇五年の柳家㐂三郎

柳家小太郎

令和三年春真打昇進「柳家㐂三郎」

生年月日／1979年6月14日
出身地／神奈川県厚木市
出囃子／牛若丸
紋／丸に三ツ柏

師匠からひと言

小太郎のこと

この本が出版され、皆様が手にされる頃には、小太郎は柳家㐂三郎と言う名前に変わって真打に昇進していると思う。

池袋演芸場を勤め、楽屋を出ると、ちょうど仲入でロビー（寄席にはホワイエなどという気の利いた物はない）では、お客様がタバコを吸ったり、飲み物などを口にしていた。

エレベーターに乗ると、ドアが閉まりかかったその時に、背が低く、顎のしゃくれた三日月のような、愛嬌の良さそうな、落語に出てくる小僧の定吉（さだきち）を彷彿とさせるような青年が、エレベーターのドアを押さえて、慌てて乗り込んできた。エレベーターの中はこの三日月と二人きり。目を合わせないように天井を見たり、時計を見たりしていると「師匠、弟子にしてください！」と目を吊り上げて迫って来た。「此処でかい？」思ったが、逃げ場がない。とにかく外の空気に触れてお互いに冷静になろうと思い、外へ出た。半分脅迫めいて、小太郎はとうとうと自分の思いを述べた。何となく、その言葉に乗せられた。

後で聞いた話だが、学生時代のアルバイトで、荒川遊園のお猿の電車の運転手をしていたそうだ。なるほど、人を乗せるのは上手いはず！と下げを付ける気持ちはないが、とにかく此処は定石通りに断った。それから幾度となく顎を突き出し、「師匠、弟子にしてください」と迫って来た。とうとう、その顎に負けた。小さな小さなアントニオ猪木だ！

でも、山椒は小粒でもぴりりと辛い、だよね！

私は落語にまるっきり縁のない生活を送っておりました。

生まれは神奈川県の厚木市。東京に近いと言えば近いのですが、東京の人からは「遠いねー」と言われるようなそんな町で生まれ育ち、十八歳の高校卒業までを過ごしました。

大学進学とともに上京。大学は大正大学人間学部仏教学科。仏教の勉強をしていたことになります。かといって、別に実家がお寺さんだった訳でもなく、信心深かった訳でもなく、何となく「面白そう」。ただそれだけで入ってしまった学校でした。

が、実際に授業を受けてみると、仏教は想像以上に面白く、また奥深く、有意義な大学生活を送ることができました。幸か不幸か、我が校には落研がなく、そんな東京での大学生活中にも落語に出会うことはありませんでした。


では、私は落語といつ出会ったのでしょうか？

大学は卒業したものの特にやりたいこともなく、無気力な若者だった私はアルバイトでブラブラ日銭を稼ぎながら毎日を暮らし、気がつけば二十五歳になっておりました。モラトリアムというか、キリギリスというか、干からびない程度に適当に働き、休みの日は仲間で集まり一杯やる。

そんな無職仲間の中に、戸田君がいました。

彼は、東京の下町生まれで下町育ち。私と違いチャキチャキの江戸っ子というやつで、たくさんの趣味を持っておりました。そのたくさんの趣味の一つが、落語だったのです。

いつものように戸田君と、バイトのない休みの日。真っ昼間から青魚の缶詰なんぞを開けて、安い焼酎を薄めたモノをチョビチョビ啜(すす)っておりますと、落語の話題になりました。

私が戸田君に酒の肴として「寿限無(じゅげむ)をやっておくれ」とリクエストをしたのです。

落語を知らない私でも、長ーい名前がついてしまうというあの有名な噺は知っておりました。

まぁ、落語に詳しい彼ならば、「寿限無、寿限無……」というあの言い立てを聞かせてくれるだろうと思ったのです。

すると彼は、「では……」と崩していた足を畳んで正座をし、左を向くと、

「こんちはー、こんちはー。隠居さんいますかー？」と始めました。

今度は右を向いて、

「おー、誰かと思えば八っつぁんか」

つまり、長ーい名前の言い立てを言うだけでなく、落語家のように上下(かみしも)を切りながら一席始めたんです。

驚きながらも、私が落語に興味が湧いたのは、まさにこの時でした。

それは、酔っ払った戸田君の寿限無の出来が良かったからでも、面白かったからでもありません。何しろ、今まで自分が知っているお笑いの世界の方々は、新しいネタを次から次へと作り続けては披露をしています。そんなご時世に、『お客さんにネタを丸暗記されて、再現までされちゃう落語って、一体どういうことなんだろう？』『何で、それが何百年も続いてるんだろう？』という興味でした。

次の日、貧乏な私は、とりあえず図書館で落語の本を読んだり、面白そうな噺のＣＤを借りて聴いてみることにしました。あれよこれよと聞いているうちに、落語への興味がますます高まります。

そして、いよいよ寄席へと足を踏み入れることになったのです。

生まれてはじめての寄席は、池袋演芸場でした。理由はウチから近かったためです。自転車で行きました。

階段で怪しげな地下へと降りていくと、会場はそんなに広くありませんが、意外と混んでいました。お金はなくても時間だけは余っていた私は、たった一人で昼席から夜席のハネるまで一日中寄席におりました。

面白かった！　とにかく面白かった!!

初めて聴く太鼓や三味線の生演奏。怪しい人や、如何わしい人が次から次へと出てきては消えていく。はじめて見る芸人さんたち。そして落語がたーっぷり。中には本で読んだ噺、ＣＤで聴いた噺、筋を覚えている噺もたくさんありました。そのどれもが面白かった。戸田君の寿限無を聴いた時に感じた謎は、寄席で落語を聴いた瞬間に一瞬で解けました。筋を知っていようが丸暗記していようが、面白いモノは面白いと言うこと。むしろ知っているせいで、より面白くなるモノがあると言うことをはじめて知りました。

その日、はじめて行った寄席で一番面白かったのが、後に師匠となる、柳家さん喬でした。

ネタは千両みかん。たまたま図書館で借りた本でも読んでおり、内容も覚えておりました。文章で読んだ印象は「ふーん」というか、「そう……」というか、オチも「うん……」という程度の、正直あまり興味のないネタの一つだったんです。それなのに、実際に聴くと、それはそれは面白かった。

気がつけば、登場人物とともにハラハラし、ホッとして、そしてオチで「は〜っ」と息をつく。文章を読むだけでは読み取れなかったものがたくさん伝わってきました。本を読んだだけでは理解できていなかったオチに意味が生まれます。

わーっと腹を抱えて爆笑する噺でもなく、感動して思わず涙が出るような噺でもありません。でも退屈じゃない。むしろ面白い。メチャクチャに面白い。一種のカルチャーショックを受けて、家に帰りました。

完全に落語の虜となった私は、そう日にちも空けずに二回目の池袋演芸場へ。お目当てはもちろん、柳家さん喬です。

その日のネタは、締め込みでした。すると、これがまた面白い。

その時、閃いてしまったんです。

「そうだ、柳家さん喬の弟子になろう！」

何しろ今まで何もやりたいことがなく、キリギリスのように生きてきた私に、初めて目標ができました。

そうと決まれば、善は急げです。

「今日、弟子入りしよう！　それも今すぐ！　そうだ、そうだ、そうしよう。なんて素敵なことだろう!!」

失うもののない私は早速、行動に移します。

しかし、落語と無縁の暮らしをしていた私には、弟子入りの仕方がわかりません。せっかく閃いたからには当たって砕けろと、ネタが終わるなり、客席から出て、ロビーへ移動しました。

そこは、喫煙所と休憩所を兼ねており、奥の扉に「楽屋口」と書いてあることを前回見て知っていたためです。

今振り返ってみると、もし池袋演芸場でなかったら、どこが楽屋口だかわからず、こんな二度しか聴いていないくせに、「すぐに弟子入りをしよう！」とはならなかったのかもしれません。

ドキドキしながら待っておりますと、着物を着た前座さんが出て参りました。

「柳家さん喬さんは、まだいますか？」

「いますよ」

「弟子入りって、どうしたらいいんですか？」

「『弟子にしてください』と言うんですよ」

何も知らない私に、前座さんは親切に教えてくれました。

もうドキドキドキドキしながらロビーにて待っておりますと、しばらくして私服に着替えたさん喬師匠が楽屋口から出て参りました。

嗚呼（ああ）！　私の人生を変えた、憧れの人が目の前に！

もう、ドキドキドキドキ。とてもじゃないけど、声もかけられない。目も見られない。さん喬師匠は、こちらにペコッと軽く会釈をして、エレベーターに。池袋演芸場は地下にありますから、お客様も出演者も同じエレベーターを使うんです。

その時、『これだ！』と、また閃きました。閃いてしまいました。

この機を逃す手はない。「天が与うるを取らざれば、却（かえ）ってその咎（とが）めを受く」とばかりに、師匠の後からエレベーターに飛び乗ると、閉ボタンを連打して密室を作り出すことに成功いたしました。

狭い狭いエレベーター内に二人っきり。『これならば断れまい、勝った！』と、思いきって話しかけます。

「弟子にしてください！」

断られました。「この世界は、食べていけないよ」とやんわりと……。

「師匠が黒と言えば、白いものも黒になる、そんな世界ですよ」

「ウチには、ほかにも弟子入りが来ていて、貴方を取れません。およしなさいな」

というような話をしていたような気もするんですが、こちらは何しろ無我夢中で、さん喬師匠と喋っていることに、ただただ興奮しておりました。

師匠が「では……」とエレベーターを降り、一人になってから冷静になりました。その日の自分の格好を見ると、暑い暑い真夏のことで、半袖半ズボンに雪駄（せった）履き。ご丁寧に麦わら帽子まで被り、髭を生やしておりました。

「そうか！　断られたのはこの服装のせいだ！」

と勘違いした私は後日、髭を剃り、靴を履き、長ズボンでまた寄席へと向かいました。

「弟子入りがゴールになってはいけませんよ」

その日も、やんわりと断られました。


その後も順調に断られ続けた、ある日のこと。

いつものように寄席で出待ちをしておりますと、さん喬師匠がゾロゾロと大勢を連れて楽屋から出て参りました。そして、私を見つけると、

「ついておいでー」

と声をかけてくれます。

「来た！　いよいよ弟子入りだ！　夢が叶うのか！」

とドキドキドキドキしながら、後をついていきました。

大きな鞄を幾つも担いだ前座さんがエレベーターを呼んだり扉を開けたり、甲斐甲斐しく働いている。それが前座の仕事であり、後に自分がやることになるとも知らず、『この人は働き者なんだなー』などとボンヤリ考えながら、皆で喫茶店へ。

そこで師匠がはじめて、その場にいた皆様を紹介してくださいました。皆、師匠の弟子でした。つまり、後に自分の兄弟子になる皆様でした。

驚きました。私はそれまで自分が柳家さん喬の一番弟子だと思っていたのです。しかし自分の兄弟子になる方々ですから、『とにかく覚えておかなくては！』とメモ帳に名前を書いていく。ただ、字がわからないので、すべてカタカナで書きました。まるで怪文書のように。

それを見て私の隣に座っていた兄弟子が驚きました。

「こいつ、弟子入りに来てるくせに、俺たちのことをまるで知らないぞ！」

そんな中、師匠は優しい口調で私に弟子入りを諦めさせようと、いろいろな落語家や一門の話を聞かせてくださいます。私はとにかくメモろうと、知らない名前を一つ一つ聞き返しながら、カタカナでメモを取り続けました。

それを見て、今度は師匠も兄弟子たちも驚きます。

「こいつ、弟子入りに来てるくせに、落語家のことも何も知らないぞ！」

その日は師匠に珈琲を御馳走になりましたが、帰りしなに、

「もっと他の噺家も聞き、よく考えてみた方がよい」

「ウチでは取らないし、どうしても噺家になりたいのなら、他所へ弟子入りに行ってはどうか」

と、その日も夢叶わず。むしろ、遠退いたような気がしながらも、別れた後に今日紹介していただいた兄弟子たちの顔を忘れないように、メモに似顔絵を書いたことを覚えています。


自分は落語を知らなさすぎる。ならばと、その後も柳家さん喬の元へ弟子入りに通いつつ、師匠の出ていない日や別の協会さんの寄席にも行ってみることにしました。

面白かった。同じ寄席や噺でも雰囲気が変わって、また面白い。ですが「弟子になりたい」とは思わなかった。

自分は噺家になりたくて師匠を探していたのではない。柳家さん喬を聴いて『落語をやりたい、弟子になりたい』と思ったんだと実感し、また、師匠の元へ弟子入りに通う日々。

そのうち師匠から、

「弟子入りしても、その後は見習い期間と言うものがある。その間は収入がなくなる。貯金がなくちゃ、とてもじゃないが、やっていけない世界ですよ」

と教えていただき、アルバイトをしながらもコツコツと貯金を遣り繰りし、また寄席へと向かったある日のこと。一門の皆様とゾロゾロと出て参りました師匠に、

「貯金をしています！」

と告げると、

「じゃあ、今日は忙しいから、次の芝居の四日に来なさい」

と声をかけていただいた。

寄席は十日間ごとに番組が代わり、その十日間を「芝居」と呼ぶことを知らない私は、「次の芝居の四日」というのが、次の月の、つまり、『来月の四日で、ひと月後だな』などと考えておりました。

師匠方の後ろ姿を独り見送っておりますと、一人の兄弟子がターッと駆けてきて、

「今、師匠が言っていたのは、今月の十四日のことだよ」

と教えてくださいました。完全に勘違いしていた私には、その兄弟子が神様のように見えました。

喬志郎兄(あに)さん、あの時は本当にありがとうございました！

ようやく一歩進んだ気がしたんですが、とかくこの世はままならぬ。そんな弟子入りに燃える私に、厳しい現実が襲いかかって参りました。

住んでいたアパートの二年に一度の更新期限が近づいてきたのです。

大したことではありませんが、私にとって更新料は大金でした。学生時代から住んでいたオンボロアパートで学校にはとにかく近く便利だったのですが、せっかく貯めたお金を更新料で使うなら、『もっと有意義に使った方が良いのではないか？　何しろ自分は噺家になるのだから、家は学校よりも寄席の近くの方が良かろう。しかも、さん喬師匠の弟子になるのだから、師匠宅の近くの方が良かろう』と考えた私は、引っ越しをすることを決意します。

といっても、師匠宅がどこだかわかりません。当時、師匠のご実家がキッチンイナバと言う洋食屋さんで、本所吾妻橋(ほんじょあづまばし)にありました。

それをマクラ等で聞いていた私は、『まぁ、落語家さんは皆、浅草近辺なのだろう』と先入観だけで盲信し、『浅草や上野ならば寄席にも近いし間違いない！』と寄席終わりにブラブラ歩いて帰りながら不動産屋のショーウインドウを覗く日々。

見つけた家は、上野・浅草にも自転車で行ける南千住。何しろ見習いや前座の期間は稼ぎがないと聞いていましたので、風呂トイレはあるけれど学生時代より家賃の安いアパートを選びました。

何とか引っ越しも済ませ、新たな気持ちで弟子入りに行きますと、いよいよ師匠も根負けしたのか「じゃあ今度ウチに来なさい」とのお言葉。

そして、はじめて伺った師匠宅。場所は浅草近辺ではなく、想像とはまるで違いましたが、そこで柳家さん喬の九番弟子として私の弟子入りを認めていただきました。

気がつけば季節は、暑い暑い真夏から寒い冬の十二月になっておりました。

いよいよ憧れの噺家修業生活が始まりました。

師匠宅へ通う初日には、協会に出すため履歴書を持参するよう言われました。『噺家も履歴書を出すんだなー』と持参すると、師匠から、

「あれ？　聞いていた住所と違うね？」

と言われましたので、得意気に、

「引っ越しました！」

「えっ、貯金は？」

「なくなりました！」

怒られました……。はじめてのしくじりです。

それからと言うもの、毎日毎日しくじりばかり。学生時代からぬるま湯につかり、楽な道ばかり探していた私には、まるで人間社会へ戻るためのリハビリのようなものでした。

前座名は「小ぞう」と付けていただき、二ツ目で「小太郎」。柳家でも歴史ある前座名で、私が入門した時には、左龍兄さんが前座から二ツ目まで使っていた大事なお名前を戴きました。

そして二〇二一年三月二十一日より「㐂三郎（きさぶろう）」として真打に昇進させていただく運びとなりました。

皆様がこの本をいつお読みになっているのかわからないので恐縮ですが、今これを書いている私的には昇進前の丁度良いタイミングで、自分の今までを振り返ることができました。

はじめての寄席で柳家さん喬に一目惚れをし、それから二日で弟子入り志願。いわば、落語ファン歴二日の落語家が真打に昇進させていただくことになります。

弟子入りの際、師匠から「弟子入りがゴールになってはいけない」と言っていただいたのを思い出します。今、思うことは「真打昇進がゴールになってはいけない」ということ。弟子入りと同じように、まさにこれからがスタートだと肝に銘じております。

私の人生を変えてくれた落語と師匠に、私を育ててくれたおかみさんと兄弟弟子に、そして応援してくださる皆様に少しでも落語家として恩返しができればと思っております。

……などとカッコ良くまとめようと思ったのですが、あまり大きいことを言うのも恥ずかしいものですから、この辺でお後と交代です。

新しく入りましたハ小きちと申します

柳家　小きち

大学生の私は、困っていた。
留学が当たり前の大学に入ってしまったが、英語の成績が悪すぎて応募条件を満たせなかったのだ。
親は、私が当然留学に行くと思っていた。仕方なく留学に行くと嘘をついて、イギリスに旅立った。

　空港に着いて一時間もせずに恐喝にあい、ほぼ一文無しになった私は、治安が良さそうな学園都市ケンブリッジに逃げ、日本の歴史文化を学んでいる学生を探しては「日本のことを話すから」と言って、彼らの家に転がり込む日々を送った。

　そんな中、ある学生が「教えてくれ」と持ってきたのが落語のテープ。何十本もあったおかげで、しばらく食いつなぐことができたが、十分な説明ができず悔しかった。

　その悔しさから帰国後も落語を聴き、寄席にも行くようになり、どんどん落語に引き込まれていった。

　苦手な英語はますます疎かになり、単位が足りず大学は中退。浅草で人力車を曳き、仕事終わりに夜割の演芸ホールに寄る生活を送った。

　ここで、さん喬師匠に弟子入りしようかとも考えたが、まずは自分を鍛えなおさねばと、海自に入隊したところ、なぜかそれなりの階級になることができた。将来は艦長、司令になるぞ、と調子に乗り、落語は単なる趣味にしようかと考えた時もあった。

しかし、生来の粗忽から周りに迷惑をかけることも多く、どうしたものかと悩んでいたところで、鈴本での一門会を聴き、退職を決意。

まずは出待ちして、弟子入り志願、と思ったが、緊張のあまり声をかけられず、独演会の受付にお菓子を差し入れ、その中に弟子入り志願の手紙を忍ばせた。

二日後に、師匠からのお返事が届いた。弟子入りを断り、退職を思い留まらせる手紙だったが、師匠は書籍などで「弟子をもう取らない」と明言されていたので、断られるのは予想通り。それよりも、お返事が届いたのが二日後ということに感動した。

独演会から帰った夜か、次の日の朝には返事を書いてくださったのだろう。断られたことも忘れて、狂喜乱舞した。

その後は、寄席、ホール問わず首都圏での落語会にはほぼすべて通い、出入口が複数あって出待ちに失敗した時や、ほかの師匠やお客様と一緒に出ていらした時以外は、毎回駆け寄って弟子入りをお願いした。

当時の日記を見返したところ、お願いした回数は二十七回。お百度参りのつもりでいたので、二十八回目に「弟子にするかは別として、しばらく通ってみなさい」と言われた時には、ずいぶん早く許してくださるものだ、と思った。

今思えば、迷惑以外の何物でもない。こんな人間を受け入れてしまう師匠の懐の深さは底が知れない。


はじめて師匠のお宅に伺った時、師匠の横には、喬の字兄（あに）さんが座っていた。もうすぐ真打に昇進して五代目柳家小志んを襲名するとのことで、私の初仕事は襲名披露の手伝いだと言われた。

お祝いごとが初仕事になったのは、何となく縁起が良い気がして嬉しかった。

後に私は、この小志ん師匠の前座名「小きち」を受け継ぎ、正式にさん喬一門の一員となった。

入門前写真館①

さん喬（入門後）

さん助

小平太

さん花

四席目●オー・ブラザー

〜弟子入り志願物語〜

柳家小志ん

生年月日／1978年3月14日
出身地／埼玉県さいたま市
出囃子／江戸の春
紋／丸に三ツ柏

師匠からひと言

小志んのこと

小志んは、とにかくフットワークがいい。自分のためばかりではなく、後輩や同輩のため、色々なことを努力する。それが時々誤解され、違う意味にとられることもあるようだ。しかし、小志んはそんなことは気にせずに、我が道を行っているように思える。

小志んの弟子入り志願の時は、私のあまり好みでない先の尖った靴に、スーツ姿、ビジネスバッグで、鈴本演芸場の幟（のぼり）の陰に隠れてニューと出てきた。こんな所で保険の勧誘かしらと思うほど、何やら親しげに「あのー、さん喬師匠ですか？」 私は身構えて、「保険でしたらいいですよ！」と言おうとした時、「弟子にしてください！」と言われ、私は心の中でズッコケた。もっとも、こんな所へ保険の勧誘が来るわけがないが。

弟子入りして私の所へ埼玉県の岩槻から通っていたが、流石に遠い！ やがて江戸川を渡った葛西に越して来た。一年後には、隣の町内の木場のほうに越して来た。半年後には同じ町内に越して来た。今では隣のマンションに越して来て、のうのうと暮らしている。年を追うごとに段々近づいて来て、来年は私の所に越して来るのではないかと日々怯えている。

弟子入りした頃は、落語の口調が現代語で、なかなか古典落語の口調にならない。しかし、自分で色々なお店や、知り合いに頼んで落語を喋る場所を提供してもらい、喋る機会を自分で開拓していった。その成果や努力が小さな花の蕾（つぼみ）を付け始めた、かな？

二〇〇四年の春。私は、高校を卒業してから八年勤めた職場を退職した。憧れの柳家さん喬に弟子入り志願をするためだ。

まだ肌寒さの残る上野鈴本演芸場。その前で、地下鉄の通気口から立ち昇る熱気で身体を温めながら、私は出待ちの予行練習をしていた。

歩道際に立っている幟のかげがちょうどよかった。寄席のスタッフや、出入りする噺家さんたちに目立たないからだ。

五月上席某日。弟子入り志願の一日目。

就職活動といえば、スーツにネクタイ、ビジネス鞄に革靴。そういった固定概念に捉われていた私は、弟子入り志願の時も一張羅のビジネススーツに、流行り始めていた先の尖がった革靴で身を固めていた。

寄席は、当日でも、楽屋内での話し合いで出番の入れ替わりは日常である。念には念を入れ、開場と同時に入場し、プログラムで出番を確認したら、客席後方の出入口付近に陣取った。

その日の師匠の演目は、子ほめだった。当時、師匠は摑みで、「こんなにたくさんの方に足を運んでいただき、ありがてぇなあ、ありがてぇなあ、ありがてぇなあ……。俺たちが来たくねえのによく来たな！」というフレーズをお約束で言っていた。

やがて、師匠が高座を済ませ、舞台袖にはけるのを確認すると、客席から飛び出し、三階の客席から階段を駆け下りた。

そして、鈴本演芸場の歩道際に立っている幟のかげに身を潜め、師匠の出待ちをする。

予定通り、師匠が鈴本演芸場の出入口から出て来た。

幟のかげから飛び出した私は、師匠の前に立ちはだかった。

「すいません、さん喬師匠！」

「はい、はい。なんでしょう？」

「弟子入り志願に来ました！」

「あー、ごめんね。この後、ちょっと約束があるから、またにしてもらえるかな。ごめんね……」

師匠は、丁重に挨拶をして、足早に去っていった。

自称、恋愛マスターであった私は、これを完璧な断り口上だと受け取った。

「どこか、悪いところがあったのか……」

「弟子入り志願には、何か私の知らない鉄の掟（おきて）があるのか……」

「私の知らない間に、新しい弟子を取ったのか……」

不安ばかりが募る。その日は、悶々としたまま、上野アメ横界隈を散策して帰路についた（後から、師匠に聞いた話だが、その時は、スーツ姿の思い詰めた男が立ちはだかり、一瞬、戸惑いがあった。そして何より、尖がった革靴は、世の中で嫌いなものの上位にあるらしく、それが一番覚えているとのことだった）。

二日目。前の晩は、不安を抱えながら、弟子入り志願の稽古を朝まで何度も繰り返した。後にも先にも、こんなに稽古をしたことがないというくらい、稽古をした。

その日の師匠は、正式な出番時間より早い上がり時間だった。いわゆる「早上がり」というものだ。

次の浅草演芸ホールまで時間がたっぷりある。これは、ゆっくり話を聞いてもらえると私は思っていた（早く上がるのは後に用事があるからで、時間がないということだ。まさに素人料簡である）。

師匠が高座を降りるのを見送ると、客席を飛び出して、昨日と同様に幟のかげで師匠を待ち構える。

さぁ、今日こそと意気込んでいると、師匠が出て来た。

その時である。一陣の疾風に煽られた幟が私を巻き込んだ。慌てて幟から脱出しようとしている間に、師匠は、通り過ぎてしまった。

「しまった！」

急いで後ろから追い付き、師匠の肩を二度叩く。

「さん喬師匠、弟子入り志願に来ました！」

師匠は首だけ振り向き、お互いの細い目を合わせたまま、数秒の沈黙が流れる。

「うーん、弟子入り志願は普通、前から来るもんだけれどねぇ（笑）」

人生で初めて「しくじったー」という言葉が口から飛び出した。

「ちょっと今日も後があるので、ごめんね……」

案の定、師匠は、今日も丁寧に挨拶して、風と共に去っていった。


三日目。その日も鈴本演芸場の客席で待機し、師匠の高座が終わるやいなや、客席を飛び出すと幟へと駆け出した。

「さん喬師匠、弟子入り志願に来ました！」

「ここでは何だから、お茶でも飲みながら……」

師匠は、「また来たか」という感じで、鈴本演芸場の真向かいにあった喫茶店に案内してくれた。

「ごめんね、ここ何日か忙しく、素気なくて」

師匠は、私の現在の状況や、身の上話を聞いてくださったりした。師匠には、その時点で七人の弟子がいたからか、私が想像していたよりも、意外と淡々としたものであった。

「今度から、わざわざ客席に入らなくていいよ」

次からは、出待ちではなく、入り待ちをしようと私は決めた。

四日目。この日は、初めて入り待ちをしていた。指示通り、上野鈴本演芸場の前で。

上がり時間に合わせて、師匠がやって来た。

「さん喬師匠、昨日は、ご馳走様でした」

「ここで待っていても何だから、あそこの（上野広小路側を指して）コンビニあたりで待ってて」

高座後、師匠と指定の場所で合流をした。

そのまま喫茶店に入り、いろいろと落語業界のしきたりや、前座修業のこと、金銭面の厳しさ等のお話しをいただいた。

私は、素直に八年勤めた職場を辞め、すべての外堀を埋めてから弟子入り志願に来たことを伝えた。

「今は、（想いが）熱くなっているから、何を言っても無駄だろう。少し冷静になって、考え直してから来なさい」

師匠はそう言うと、電話のために表に出ていった。

私はその間、気を利かせたつもりで、会計を済ませておいた（今思えば、失礼な行為である）。

「会計したの？　生意気だね」

電話から戻って来た師匠はそう言うと、会計のほかに交通費ということで、多めにくださった。

私は、師匠と別れた後、師匠のお宅の最寄り駅にアパートとアルバイトを探しに向かった。

六日目。師匠から「少し冷静になって、また考え直してから来なさい」との指示もあったことや、教えていただいた落語界の厳しさの話と重なり、頭の中で不安が膨張していった。

落研（おちけん）でも、天狗連（てんぐれん）でもなかった私にとって、落語界は未知の世界でもあった。入門してから向いていないと思ってしまうのではないか……。

しかし、すでに師匠には弟子入り志願をしてしまっている。一旦取り下げてからの二度目はない。そうなると、この世界への道は閉ざされる。寄席や落語会へも通えなくなる。この一年間の意気込みが嘘のように不安感で満たされた……。

この不安をなくすためにも、早く師匠に弟子入りを許してもらうしかない。

布団の中で「明日こそは」と意気込んで、眠りにつく。

七日目。この日の師匠は、浅草演芸ホールの夜席で、遅い時間（仲入り休憩以降）での出番だった。

きっと出番後は帰宅するだけだろうから、ゆっくり話を聞いてもらえると勝手に想像していた。

浅草演芸ホールも出入口は一つ。夜ともなると人通りは少ない。夜席の主任（トリ）ではなかったので終演後にお客様と紛れて出て来ることもないだろうと踏んでいた。

路上駐車してあった車のかげから、浅草演芸ホールの出入口を窺（うかが）い、師匠の出て来るのを待っていた。予想通り、出番終了後に、師匠が出入口から出て来た。

「今日こそ……」

その想いと、この数日間に湧き上がった不安が自分の中を交差する。師匠のもとへ駆け出そうか、それとも今日はこのまま退散するか……。葛藤のために身体が動かない。

そう思っていると、師匠が車のほうへと向かって来た。

「そうか、師匠の帰り道はこっちだったか。そこまでの下調べはしていなかった。どうしようか……」

自問自答しているうちに、師匠はどんどん近づいてくる。顔はもう知られている。目が合ってから「何でもありません」とは言えない。

「あーっ、今日はダメだ！　退散！」

私は車のかげから不自然に師匠に背を向けて、そのまま逃げるように歩きだした。

私が、逃げたとバレてはいないか……、師匠はすぐ後ろを歩いていないか……。

心臓の鼓動が全身に伝わる。

早歩きをして距離を取れたと確信し、軽く振り返ってみる。師匠の歩く姿はなかった。

師匠は、私が身を潜めていた車に乗り込んでいた。そう、私が身を潜めていたその車こそが、師匠の車だったのだ。

車で走り去っていく師匠を見ながら、まるですれ違いを基本とする一昔前の恋愛ドラマのようだと思った。

九日目。その日は、昨晩の自分の中の葛藤を見つめ直し、本当に落語が好きなのかを確かめるために、鈴本演芸場の客席にいた。

師匠の落語は、自分の迷いを打ち消してくれた。

間が空いた十一日目。五月中席が始まっていた。

師匠の出演は、新宿末廣亭と池袋演芸場との掛け持ちへと移った。ここでは細心の注意が必要だ。

まずは末廣亭だ。楽屋出入口が二つある。しかも表通りと裏通りの正反対に二か所である。

裏通り側の楽屋出入口は、関係者専用なので人混みに紛れることはない。ただ表通りの楽屋口から楽屋入りする可能性もある。どちらの出入口を利用したかで、帰りはどちらの出入口を利用するかを予想しなければならない。

次に、池袋演芸場だ。ここは寄席の中では最難関である。

ビルの地下にある池袋演芸場から表へ出るには、通常の地下階段を利用するか、ビルのエレベーターを利用するかである。またエレベーターは地下からすべての階にも行けるので、楽屋を出た後に、エレベーターで二階の喫茶店や最上階の事務所へ行く可能性もある。

出て来る時間が読めない。もし二階の喫茶店に行ったとしたら、厄介なことに、二階の喫茶店には、また専用のエスカレーターと階段もある。出て来る可能性のある出口は合計で四つとなる。

検討に検討を重ね、二分の一の確率で出会うことができる末廣亭に向かう。前の晩から、落語協会のホームページで師匠の出番を確認し、二か所のうちの片方の楽屋口に見当をつけ、入り待ちをしたが外れた。

出待ちもしたが、師匠はなかなか出てこない。まだ楽屋にいて出て来ないだけなのか、もう片方の出口からすでに出てしまったのか……。

しばらくして、時間的には池袋演芸場へ向かっている時間なので、末廣亭は出てしまっていると判断した。末廣亭での「二分の一大作戦」は早々に取り止め、翌日からは、池袋演芸場での「張り込み大作戦」に切り替えることに決めた。

十二日目。師匠の到着予想時間より遥かに早く、池袋演芸場前で師匠の入り待ちをしていた。ただ、前回から少し間が空いてしまったので、入りの際に声を掛ける勇気がなくなっていた。

師匠の楽屋入りは、テケツ（チケット売り場）上部にある高座モニターで確認できる。

これが池袋演芸場の素晴らしい点だ。しかし、出口はいくつもある。人混みも多い。細心の注意を払わなければならない。

モニターで高座を降りたのを確認したら、いよいよ、池袋演芸場「張り込み大作戦」の決行だ！　神経をすべての出口に集中させる。

「あれ、おかしいなぁ……」

待てど暮らせど、師匠は出て来ない。「まだ楽屋にいて、出て来ていないだけなのか」「いや、見逃したか」「二階の喫茶店で取材でも受けているのか」「まさか、秘密の裏口があるのか」

確かめようにも、喫茶店やビルの裏へ回っている間に、表から出て来てすれ違ってしまってはいけない。

焦りだけが先走る。まるで携帯電話のない頃のトレンディドラマのように、すれ違いがもどかしい。

昼席がハネ（終演）て、夜席が始まった。おそらく師匠はもう寄席を出てしまっているだろう。

これはいけない。明日はもう恥も外聞もなく、池袋演芸場の楽屋入口前で待つことにしようと決めた。池袋演芸場の楽屋口前は、お客さんの休憩場にもなっているので、これを活かすことにした。

十三日目。この日は、池袋演芸場のテケツで入場券を購入し、そのまま客席には入らず、楽屋口前にある休憩場のソファーでほかのお客に紛れていることにした。

「あれ、この人、何だろう?」

私と同様に客席には入らず、ずっとソファーに座り続けている男がいる。年齢は、私と同じくらいだ。もしかして、この男も師匠への弟子入り志願者なのか?

噺家の世界は一秒でも先に入門したほうが先輩という鉄の掟がある。相手の男との暗黙の探り合いが始まる。

失礼な話だが、容姿や格好は私のほうが勝っていると思った。師匠が来たら、この男より先に声を掛けよう。しれーっと、有利なポジションに身体を移動する。

「こんにちは、先日はありがとうございました!」

師匠を見つけた私は、間髪入れずに挨拶する。

「あれ?」

もう一人の男は特に動きはない。ただのお客か、すでに入門しているほかの師匠の見習いなのか。

師匠からは「また来たね」という感じで、高座後まで同じ場所で待つように指示を受けるが、その間、その男もずっと無言でソファーで座り続けている。気まずい時間が流れる。

「…………」

「…………」

師匠が高座を終え、楽屋から出て来た。そのままビルの二階の喫茶店へと移動する。

「しばらく来なかったので、諦めたかと思ったよ」

私は、自分の熱意が伝わっていないと焦り、すれ違いもあったことも告げた。

その日は師匠から、「どうして噺家になりたいのか」「なぜ、自分の弟子になりたいのか」「どれくらい落語を聴いているのか」など、突っ込んだ質問をされたのを覚えている。

一生懸命に、自分の熱意を師匠に伝えた。しかし、師匠から、色よい返事をもらえないことは、以前から入門する気でいたのでよく分かっていた。

「うちには、二ツ目になったばかりの弟子がお礼奉公で一人（喬之進、現・小傳次兄（あに））、前座が二人（さん角、現・さん助兄、さん作、現・小平太兄）通っているから、四人目は面倒を見ることができない」

「入れていただけるまで待ちます」

「ほかの師匠のところに後から志願して先に入った人がいたら、香盤（こうばん）がその人より下になっちゃうよ」

「はい。構いません」

「そうは言っても……。じゃあ、ほかに行くとしたら、どの師匠のところに行きたい？」

「いえ、師匠以外は考えていません」

「じゃあ、僕が、その師匠に紹介してあげるとしたら？」

「いえ、師匠以外は考えていません」

「でもね、この世界は師匠が答えろと言ったら、答えるもんだよ」

「師匠がそうおっしゃるのでしたら、桂南喬（かつらなんきょう）師匠のところに……」

「……南喬兄さんか。なかなか落語を聴いているね。じゃあ、ちょっと考えてみようか……」

桂南喬師匠は、私が高校二年の時の学校寄席の出演者の一人だった。

当時は、落語と言えば『笑点』というイメージしかなかったが、南喬師匠の何とも言えない渋みと迫力と匠感に、いっきに落語への興味が私の中で盛り上がった。

当時、インターネットはまだ普及していなかった。そんな時代に、先生に「南喬師匠は、どこに出ていますか？」と尋ねたところ、「寄席とか行けば、出てるんじゃねえの……」。

今から思えば、口から出任せであったが、高校卒業と同時に就職した私は、先生の言葉を信じ、時間を作っては寄席通いをするようになった。

それからというものは、協会や流派も分からず、いろいろな寄席や落語会に出入りし、南喬師匠を追うようになり、そしていつしか後の師匠となる柳家さん喬も追うようになった。

「どの噺を聴いて、師匠の落語を好きになりましたか？」とよく聞かれるが、困ってしまう。

「どの噺を聴いてではなく、どの噺を聴いてもだった」からである。

本気で付き合おうと思った女性には、まるで自分の親に会わせるかのように、まずこの二人の高座を鑑賞するデートコースを組んでいたのだ。

ただ、噺家になる人は、歌舞伎の梨園（りえん）のように、選ばれた人がなるものと思っていた。

ところがある日、落語のＣＤを三枚購入すると、落語家系図表が特典で付いてきた（その時点では、さん角兄さんまで前座として載っていた記憶がある）。

その系図表を見た途端、当時、仕事に行き詰まっていた私は、「そうだ、さん喬師匠のもとで人生をやり直そう」と、まるで出家するかのような心持ちで、退職を決断したのだった。

池袋演芸場の上にある喫茶店でしばらく師匠と話をした後、帰路につく。

帰りの電車の中で、人生を変える転機になった日、つまり初めて落語に出会った日のことを改めて思い返した。

そして、なぜかソファーに一緒に座っていた謎の男のことも思い出された。


十四日目。その日も、池袋演芸場の楽屋口前にある休憩場で入り待ちをしていた。

その日は、喬太郎師匠も師匠と出演順が近く、師匠が
「喬太郎、この後、時間ある？」

「あ、はい」

「今、弟子入り志願に来ている子なんだけど。上（喫茶店）で話をするから付き合ってくれない？」

「はい、分かりました」

と、まさかの総領(そうりょう)弟子を含めた三者面談となった。ここでも、喬太郎師匠から落語界の厳しさをお話しいただいた。

そして、その日の帰り際に、師匠から告げられた。

「一門に会わせるから、五月十九日に、うちに来なさい。それまでは寄席に来なくてよい

から」

五月十九日。師匠のお宅に伺う。兄弟子たちに紹介された後、師匠にこう告げられる。
「噺家の世界には、初日制度というのがあって初日（一の付く日）は師匠宅へ集まる慣習がある。試しに五月二十一日から通いなさい」

五月二十一日から、師匠宅へ通い始めることとなる。

五月二十七日。師匠から「柳家小きち」の名前をいただく。
この前座名は、大師匠の五代目柳家小さんの「小」と、当時、大河ドラマで放映されていた『新選組』の登場人物、勝海舟の父「勝小吉」の名前から、字面を「小さん」に合わせたのが由来らしい。

二〇〇八年三月、怒濤の前座修業を終えて二ツ目に昇進。「柳家喬の字」に改名。

二〇一五年、自分の求めるスタイルと現実との差異を感じ、円形脱毛症を発症。
本当は、師匠たちのように、噺本来の面白さでお客様に楽しんでいただきたい。ところが、二ツ目の仲間たちが高座で受けていると、楽屋で焦りだけが募る。

せっかく本寸法の師匠方からお稽古いただいている古典落語に、よく受ける入れ事（ギャグ等）やオーバーアクションを入れまくっていた時期であった。

二〇一六年の年末、師匠の独演会の前方（まえかた）で、師匠から稽古いただいた転宅（てんたく）の改作のようなものを高座に掛けた。意外性からか、とてもよく受けた。

しかし、高座を降りた私に、お後（あと）出番の師匠は、すれ違いざまにこう呟いた。

「お前の転宅は、普通にやっても受けるんだけどな。お前のお客もそれを求めてる。でも、お前が今みたいにやりたいなら構わないけど……」

私はその時、「来年からは、自分のスタイルで落語をやろう」と決めた。

二〇一七年の年明け、まるで映像の早送りのように毛が生えだし、円形脱毛症が姿を消した。

二〇一九年、師匠にご尽力をいただき、「五代目 柳家小志ん」を襲名し、真打に昇進。

二〇二〇年、「いよいよこれから」という時に、新型コロナウイルスが発生。私の人生を振り返ると、これからという時に必ず何かが起こる、波乱万丈の人生を経験させていただいている。

しかし、その度に、いろいろな人に助けられ、ご縁の大切さと感謝の精神を学ばせていただいている。これはきっと、神様が常に私に謙虚でいるために与えてくださっている宿命だと思い、受け入れていきたい。

この後、五代目柳家小志んがどんな噺家人生を歩むのか……お楽しみいただきたい。

※追記

池袋演芸場で前座として働いていた時に、私は師匠のお見送りのために楽屋口からロビーに出た。

ソファーに見覚えのある男が座っている。

「あっ、あの時の男だ！」

相変わらずイケていないので、あの男に間違いない。

しばらく気にかけていると、紙切りの林家正楽師匠に紙切りを教わっている。そう、この人は正楽師匠のお弟子さんだったのだ。

それから数年後、彼は、紙切りの林家楽一（はやしやらくいち）となった。そして、彼とこんなに仲良くなるとは思いもしなかった。

五席目●ほじな史

柳家小平太

生年月日／1969年3月24日
出身地／秋田県仙北市
出囃子／蟹がね
紋／丸に三ツ柏

師匠からひと言

小平太のこと

小平太は、マイペースだ。浅草演芸ホールの出番を済ませて寄席の正面に出ると、通りの向かい側にヒッピーのようないでたちで私を見据えている､青年とは言い難い男が立っていた。こりゃあ､ひょっとして弟子入り志願かととっさに思い、目を逸らして足早に帰りを急ぐと、その青年とは言い難い男は、逃してならじとばかりに早足で私に近づいて来て「あ､あ､あのう！ で､で､弟子にしてください！」とその格好とは裏腹に、純朴な言葉で志願してきた。当然、私は「よく考え直して、この道ばかりが人生ではありませんよ。ほかにも貴方の才能を発揮できる世界はありますから、よく考えてみたほうがいいですよ、まだ若いんだから」 と若くない青年にそう言った。

小平太は、ほかの弟子と同様に三度、四度と通って来たため、根負けして入門を許した。ある程度、社会を経験して噺家になると純粋さに欠けてしまい、要領ばかりが良くなって実が少なくなってしまうことがあるが、東北育ちの小平太にはそれがなかった。

前座は、タバコは許されない。これは入門時にどの噺家も弟子に言い聞かせる。鈴本演芸場を終えて外に出ると、車道の向こう側にタバコを吸って、ほかの前座と歩いている小平太を見つけた。翌日「タバコはご法度。またタバコを吸ったら破門だ！」と脅かした。小平太は二度とタバコを吸わなくなった。私の目の前では‼

小平太は、釣りが趣味だ。陽に焼けるのもなんのその！ それがある時、染み抜きのクリームをつけ始めた！ やがて一人の女性を釣り上げた！

　わらしっ子のどぎがら、かんじょわりがりで、いいふりこきの目立ちたがり。

　北海道生まれの父と、東京育ちの母が劇団で出会い、秋田で生まれたのがあたし。

　劇団の規模は小さくなく、公演で全国を回る親たちと離れ、その子供たちは田沢湖(たざわこ)から少し行った緑深い森を抜けると見えてくる建物群に、小学生、中学生、高校生と別れて共同生活をしていた。

　同じ年頃の子供たちの王国で、はしゃいだりふざけ合ったり、喧嘩(けんか)したり、かばい合ったりして過ごした。あたしは一人っ子でありながら、兄弟姉妹全員集合の環境で、愛くるしい笑顔と収まりの良いこのルックスからか、年長者だけでなく、年少者からも『耕(こう)ちゃん（本名山田耕一郎）』と呼ばれて可愛がられた。

　この緑と清流に囲まれた生活は、飽きることがなかった。

　虫捕りに夢中になった小学生時分(じぶん)は、瞬(また)く間に虫籠(むしかご)一杯になる大物のクワガタやカブトムシたちの黒光りする甲冑(かっちゅう)やワシャワシャと動く脚を何時間でも眺めていられたし、友達に見せびらかして得意がっていた。

　ただ、その後の世話をすることはなかったものだから、いつからか『虫殺し博士』と呼ばれ始めた頃のことである。

両親と過ごしたある夏の朝、枕元に置いた籠の僅かに開いた口から夜のうちに脱走した虫たちが、カーテンの隙間から差す日の光にくんずほぐれつ、びっしり集っていた様は、あたかも巨大なゴキブリの群れ。卒倒した母から虫捕り禁止令が発せられ、素直なあたしの興味はお魚釣りへと移っていった。

周囲の子供には、この高貴な趣味が分かるはずもなく他に愛好者がいなかったから、自ずとあたしが第一人者となったが、一人では味気ない。大物を釣り上げる雄姿を見せてあげようと、暇な弟分亀ちゃん（仮）を連れて川に出掛けた。

しかし、待てど暮らせどウキはピクリともしない。こんなはずでは……と焦り始めた時、「耕ちゃん！」と呼ばれ振り返るあたしの目に、四十センチはあろうかというニジマスを釣り上げる亀ちゃんの姿が川面の光を集めてキラキラと眩しく映った。

この夜の食卓に上った釣果により亀ちゃんは英雄になったが、あたしは二度と彼を釣りに誘うことはなかった。

劇団にはいつも音楽が流れていて、あたしもピアノ、ギターと試してみたが、一番性に合ったのはボーカルだった。中学生の頃から忌野清志郎を崇拝し、彼がボーカルをつとめるバンドグループRCサクセションのナンバーを学校の帰り道の森を抜けながらや、土手を自転車で疾走しながら大声で歌っていた。

この歌声を独り占めしては申し訳ないと思い、学校の文化祭で「ひとりRCサクセション」を披露することにした。全校生徒を前にマイクに向かって声を限りのパフォーマンスはご機嫌に決まっていたが、バックに流したRCサクセションのレコードが歌入りであったため、あたしの熱唱は清志郎のシャウトにかき消され、単なる形態模写少年となった。

(本人は至って必死なのだが)秋田での生活は、こうして呆(あき)れるほど、のびのびとかつのほほんと、たまにほろ苦く過ぎていった。


十八歳で上京した。

「さて、何になろうか」といくつかの仕事をする中で一番気に入ったのが、町のレコード屋の店員。当然だが、店内は一日中音楽が溢(あふ)れていて、音楽好きの仕事仲間とも話が合うし、服装はそれぞれが自由だった。あたしは髪をウニ殻のようにスプレーで固め、民族織のシャツにベルボトムのジーンズなんていうボヘミアンなスタイルでカッコよくキメていたけれど、出勤と同時にスタッフお揃いの紺色のトレーナーと黄色のエプロンに着替えて、好青年『やまちゃん』に見事に変身する。

その能力を買われ、レコード屋の新装開店の日、超力戦隊オーレンジャーのレッドに変身することになった。着ぐるみというのは、身も心も別人に変えてくれる。店頭に立つあたしは、蒸れて汗が滴るのも気にせず張り切って、レンジャーキック、レンジャービーム、レンジャー切りと自己流のキメポーズを繰り出し、道行く子供たちの熱視線を一身に浴びていた。

その中の勇気あるちびっ子がオーレンジャー・レッド（あたし）に近寄ってくる。

「君と握手！」と言わんばかりに出したあたしの手には見向きもせず、

「このレッド、小さくねぇ～」

と少年は声を上げた。

ザワつくちびっ子たちに、あたしはマスクの下で寂しく微笑みかけたが、それは誰も知る由もなかった。ただ、この時、何者かを演じるということの難しさと微かな快感を覚えた。

この頃は、バンドのまね事などしていたものだから、よく仲間の家に泊まりに行ったし、あたしん家に泊まりにも来た。

ちょうど正月、仲間の家で日本酒をしたたか飲み、雑魚寝するかと家主がＣＤを掛けた。

それは、いつものブルースの巨人ロバート・ジョンソンやソウルの神様オーティス・レディングの耳馴染んだメロディーでなく、正月気分の演出だったのか、短い三味線の演奏の後、おしゃべりが聞こえた。「落語……かっ」と思っただけで、稲妻に打たれることも魂が揺さぶられることもなく、眠るともなしに眠りについた。ただそれだけだった。

こうしてそれから何度も落語を聞かされているうち、「落語……家」の存在があたしの心の隅に引っかかっていたのか、ブルースのCDを物色したついでに落語のも買ってしまった。

気まぐれに買ったその伝説の大師匠方の噺は、何度繰り返して聞いても飽きることはなく、ある時は高座が見え、ある時はメロディーに聞こえ、ある時は安らぎ、毎回新鮮な発見や笑いで引き付けられる。

「一生これで生きていく」ってのをずーっと探していた三十二歳の冬、遂に出会ってしまった。

「お前には、できるんじゃないの」というバンド仲間の言葉に背中を押され、まだ生の落語を一度も聞いてもいないのに、勝手に落語家になると決めた。

幸い、レコード屋の上司が落語好きで、落語会情報誌「東京かわら版」を教えてくれた。

それを片手に、住んでいた大船から東海道線に揺られて上野鈴本演芸場の木戸を潜った。

同時代を生きる噺家を生で聞くんだ、という初体験の興奮を抑えながら、控えめに後方の座席に陣取って開演を待つ。

渡されたプログラムを手焼きせんべいのように何度もひっくり返しては眺めてから、目を上げると、ほの暗い客席には何とものんびりした空気が充満している。外では人々が休みなく働いているのに、こんな心地よい別世界があったことに驚きつつ席に身を沈めて待つ。

気だるそうに幕が上がると、暗がりにぽっかりと開いた入り口のように高座だけがやけに明るく見えた。そこに次々と上がる個性豊かな芸人たちの話芸は、録音で聞く名人名演とは違い、「今、目の前で勝負する人間」の生々しい息遣いを肌で感じた。

この日から寄席通いを始めるのだが、仕事が邪魔になり、何の準備もなくレコード屋を辞めた。

三十三歳の初秋。金なし、仕事なし、見通しなしで中野のボロアパートに移り住み、デップで固めたウニ殻ヘアーを自らバリカンで丸め、イガグリ頭で寄席に通う。聞くべき高座、チェックする噺家、気になるネタなど、「東京かわら版」はペンの書き込みで一杯だった。

その頃、高座には大御所は言うに及ばず、苦み走ったいい男・喜多八（きたはち）師匠、軽妙洒脱・玉の輔師匠、現存する若旦那・たい平師匠、古典と不思議のパラレルワールド・喬太郎師匠など、挙げたら切りがないほどイキのいい若手真打がぞろぞろいたし、なにより、柳家さん喬師匠が出ていた。

御多分に漏れず、その頃のあたしは客席の前方上手に陣取り、プログラムにネタを書き付けてたっけ。大笑いしながら初天神、泣き笑いしながら幾代餅、一杯食わされたなぁとそば清、ほっこりしながら代わり目、その手があるかと天狗裁き、ちょっとひっかけて帰るかなぁと棒鱈などなど、挙げたら切りがない。

そうこうするうちに、世は師走になっていたが、その日も他にやることがないから着古したコートを引っ掛けて寄席に向かう。その日柳家さん喬師匠が掛けたのは、文七元結。

その夜、確かにあたしは、吉原角海老の女将の脇に座っていたし、師走の夜の吾妻橋のたもとで文七と長兵衛の会話を立ち聞きしていたし、五十両を受け取らない長兵衛を心配して長屋の戸口から覗いていた。そして、我に返ると寄席の客席で泣いていた。

追い出し太鼓に送られての帰り道、タイムマシーンにでも乗ったような不思議な感覚と、じんわりと温かく心地よい何とも言えない気持ちは、中野のボロアパートにたどり着く頃、「俺もやりたい。なりたい。ならなきゃ。なる。」と熱すぎる思いに育っていた。この夜、師匠宛の手紙を一気に書き上げる。

冬の終わりの池袋の路上、あの手紙を手にビルの地下への階段口を見張っているあたし、もうすぐ三十四歳。何としてでも師匠にこの手紙を読んでもらって、弟子にしてもらうと意気込んでいた。

池袋演芸場の前を行きつ戻りつして、何度目かのカラオケの呼び込みを断った時、路駐の車の向こうにターゲット発見。文朝師匠と同道だが、どこかで別れることを期待して尾行開始。後ろ手で口笛を吹きつつ赤信号を待ち、交番の裏手を何気ない顔をして通り過ぎ、池袋駅西口の階段を蛇行しながら下ると、東武デパート地下を右手にして人混みから様子をうかがうあたし。

しかし、二人連れは、丸ノ内線の改札を抜けて行ってしまった。

作戦失敗か……。いや、ここは一旦退散し、翌日再び配置につく。が、またも文朝師匠とご一緒。もしや、師匠はあたしの存在に気付いて煙に巻くつもりか。いや、まさか……。場所を変えて作戦続行だ。

十日後、浅草六区近く路上の物陰で待機する。お願いだから一人で出てきてくれ、頼むから……。来たっ、文朝師匠はいない、今だ、ｇｏ ｇｏ ｇｏ。

足早に歩く師匠の背後から、

「師匠っ」

と上ずった声をかけ、振り向きざまの師匠に
「弟子にしていただきたく、お手紙を書いてまいりました」

と差し出すと、

「あっそう。じゃ、読んでおくから。◯日の◯時に、またここに来られる？」

「はい。伺います」

あっけないとも思えた三分足らずの立ち話だが、これでもかと伸ばした指先に夢が触ったと思っていた。この時は。

そして約束の日、一張羅（いっちょうら）のシャツを着込んで緊張の面持ちをし、浅草演芸ホール前で待機していると、二人のむくつけきボディーガードを従え、師匠がいらした。

四人で喫茶店のテーブルに着くと、師匠から
「やめたほうがいいよ。年齢的にも。とにかく、もっとよく考えなさい」

と諭された。

一緒にテーブルについた無口なボディーガードたちは、あたしの顔をただ見ているだけ。期待が一変し、入門は叶わないのかと肩を落とす。

あっけなく話は終わり店を出る。あたしは、田原町（たわらまち）駅までの帰り方を丁寧に教えてくれ

るボディーガードその一の声をぼんやり聞き、師匠のリュックと自身のリュックを振り分けに背負ったボディーガードその二の後ろ姿を虚ろに見送った。

ボディーガードその一を喬之助兄さん、ボディーガードその二をさん市（現・小傳次）兄さんと呼べる日は、まだ先の話。


しかし、仕事を辞めて東京に引っ越したからには、後には引けない。あたしは、「私は三十四歳。噺家としては遅すぎるかもしれませんが、これしかないのです」って内容をさらに暑苦しく書き綴り、何かあればと教えてくださった師匠の住所に手紙を出した。

ご丁寧に返信用の切手を同封し、投函したポストに手を合わせてからは、「返事はきっと来る↓この前、やんわり断られたんじゃないのか↓でも、考えるようにってことだから、断られてはいないよな↓いやダメだな↓来る。だって、返信切手つけたもん↓それが、図々しかったかなぁ」の堂々巡り。

それを一枚のはがきが救ってくれた。驚くほど美しい手で「〇日の朝〇時に家に来なさい。あまりラフな格好は、好きではありません」とある。

待ちかねた返事に、喜びと緊張のごちゃまぜで興奮したが、さて何を着ていこうか。確か、この前はボヘミアンスタイルの一張羅で盛装したのだけど。

後に知るが、一門内では「ヒッピーみたいなのが来た」と言われていたらしい。

その朝、慣れない白のワイシャツと黒のズボンに着られて、極度の緊張で地に足がつかないながらも、師匠宅にたどり着いた。深呼吸してドアを開けると、中から沢山の人の声がする。あたしが来るのに合わせて一門の皆さんが集合してくださっていた。

お一人ずつご紹介いただいたり、たわいもない話をしたりする賑やかな輪の傍らに座っているだけで緊張が和らいでいく。

あたしの年齢もあり、師匠は随分考えてくださって、

「よし、わかった。初めての試みだよ。一週間だけ通いな。それから弟子に取るかどうか判断するよ」

と言ってくださった。

晴れて、見習い未満の『山田』にしていただいた。

次の日からは、師匠、おかみさん、さん市兄（あに）さんとさん角（現・さん助）兄さんから教わることばかりだった。掃除の仕方、朝食までの流れ、師匠の身の回りのこと、お宅でのことと挙げきれないほどだが、例えば、

・挨拶は、正座で元気よく。
・何かしていただいたらその場でお礼、翌日もお礼を申し上げる。
・自分が誰よりも一番下である。
・小言を言われている時は笑うな。
・「いただきます」は、兄弟子の後。
・兄弟子が呼ばれたら、自分が呼ばれたと思え。
・兄弟子の仕事を奪う。
・兄弟子の行動をよく見る。
・他人の悪口を言っている輪の内には入らない。

などなど。

一週間後、朝食の席で師匠の
「お前を弟子として取ってやる」
との言葉に、嬉しくて
「ありがとうございます」

と元気よくお礼を言ったが、椅子に座ったままだった。

「そういうことは、正座して言うもんだ」

と言われ、椅子から転げ落ちるようにして、

「ありがとうございます」

と頭を下げた。

入門を許された数秒後に初しくじりだが、三十四歳の男を弟子に取っていただいたことに感謝の言葉しかない。

この日から、頼りになるさん市兄さんとさん角兄さんに、太鼓のお稽古や着物の畳み方も教えていただけるのが落語の道の入り口に立ったようで嬉しかった。

さん市兄さんが
「狭い楽屋では人が後ろを通ることもあるから、着物を畳む場所が狭い時はこうやって……」

と説明すると、さん角兄さんは、「ちょっとごめんよ」と、さん市兄さんの背後をゴリゴリと通ろうとするクスッとしてしまう演出。

この頃のあたしは、手帳を片手に全て覚えねばと張りつめた気持ちだったから、兄さんたちの心遣いが嬉しかった。

もちろん、あたしが着物を畳む練習の時も、さん角兄さんは「ちょっとごめんよ」と、背後を何往復もしてくれた。

まあ、そればかりじゃなく、時にはビシッと注意もしてくれた。

毎日、知らないこと、できないことばかりでしくじっていたが、噺家になるための修業をしていると思うと充実していて一日があっという間に終わり、心地よい疲労で乗り込む帰りの電車では何度も寝過ごした。

そして、二〇〇三年六月十日、秋田育ちで、子供の頃から引っ込み思案のくせに、いいかっこしいの目立ちたがり屋にはピッタリの名前、『さん作』を頂戴した。

※ほじなし……秋田弁。あたしのような者のこと。

六席目●弟子入りの叶う日まで

柳家さん助

生年月日／1975年8月16日
出身地／茨城県常陸太田市
出囃子／夜祭り
紋／丸に三ツ柏

師匠からひと言

さん助のこと

さん助は、入門志願の時、ほかの弟子とは比較にならないほど緊張していたようだ。鈴本演芸場の側の喫茶店で会って話をした時、雨上がりで、ビニール傘を持ってテーブルの脇に立っているさん助に「傘を置いて座ったら」と言うと、さん助は持っている傘からただ手を離したため、大きな音を立てて傘は落下した。ほかの客はその音に全員身構えたが、さん助はそれすら気づかず、椅子に座った。

やがてコーヒーが運ばれて来た。さん助は、ミルクをカップの外にダラダラ垂らし、シュガーポットのスプーンで砂糖を入れると、そのスプーンで砂糖をかき混ぜ、コーヒーがたっぷりついたシュガースプーンをそのままシュガーポットへ戻した。砂糖はコーヒーまみれになったが、さん助は気づかずに泰然としていた。きっとこれは余程、緊張しているからなのだと思ったが、やがてそれがさん助の生地（きじ）だと気づくのに、弟子になってからひと月もかからなかった。

ほかにも武勇伝はいくらもあるが、とても書ききれない。そんなさん助が恋をし、結婚して子供に恵まれ、その子も今は中学生だと言うから「驚き桃の木、山椒の木！」。私の直弟子で結婚しているのは、十二人のうち四人。その四人のうちの一人であるのに、さん助はさほど気にもせず、泰然としている。その生き方は入門時と変わらない。「さん助」と言う名前を頂けたのも、さん助の泰然とした生き方がそうさせたのかもしれない。

そう言えば、さん助の前座名は「さん角」だった。四角四面ではなく、三角三面で一角を落としてしまったのかも？

部屋と掃除機と師匠

私は掃除機を手に持つと、必ず思い出す言葉がある。

「ただ掃除をすりゃいいんじゃないぞ」

私が師匠に初めて頂いたお叱言である。


今からちょうど二十年前、二〇〇〇年七月に柳家さん喬に入門を許され、通いの弟子としての初日のことである。

兄弟子から掃除の仕方を教わり、居間に掃除機をかけている時、師匠から雷が飛んできた。最初、何を言われているのか、全くわからなかった。

掃除に「ただ」という副詞がつくのは、人生初めての経験だった。

例えば、「しっかり」「ちゃんと」「きちんと」はわかるが、「ただ」だ。思わず、「ここは有料ですか？」と、心で叫んだことは時効にふしてもらいたい。

私は「居間のほこりをただ取ればいい」と思っていた。

これだ。その「ただ」を師匠は見抜いていたのだ。そう思った時、全身が固まった。

この人には、何をしても見抜かれる。

兄弟子から、「師匠のお伴だよ」と言われ、「お伴？　ここは江戸時代か？」と突っ込んだこともあった。

師匠の着物のカバンを持って初めてのお伴である。前を歩いて行くのがいいのか、後ろを歩いて行くのがいいのか。

前を歩く時は、前から来た敵に襲われた時の身代わりになる。いや、こういう時、敵は後ろからも来てしまう。私はいろいろ思慮逡巡した挙句、師匠の横を歩くことにした。

自分の身を守るために！

「馬鹿野郎、友達じゃねぇんだぞ」

すぐに言われたのは、言うまでもない。

「本当はこういう時、少し前を歩くんだが……。今日は初めてでわからないだろうから、僕の後を付いて来なさい」

この、「後」というのが厄介だ。何センチ、何メートル、何フィート、何寸……？

兄弟子から、弟子の立場としては、基本的に師匠に質問してはいけないと聞かされていた。

その時、電光石火(でんこうせっか)で閃(ひらめ)いた。「三尺(さんじゃく)去って師の影を踏まず」。

よく意味はわからないけれども、えらい人の影を踏まなければいいんだと思い、師匠の後ろにまわり、影を踏まないように歩いていた。

しかし、これがなかなか難しい。

人の影を踏まずについていくことの難しさたるや。影が長くなったり短くなったり、揺蕩(たゆた)う姿を捉えるのが厄介なことこの上ない。

東西線の大手町からＪＲの東京駅に向かう地下道で私は、時には前進、時には後進、傍から見ると不審者極まりない動きをしていた。

「馬鹿野郎、普通に歩け！」

師匠は後ろにも目があるようだ。

「ただ掃除をすりゃいいんじゃないぞ」

この言葉は、二十年経った今でも私の胸に深く突き刺さっている。

一門の誰よりも多くお叱言をいただいている私のコレクションの中でも一番である。

ブーーン

「うーーん」

私が初めて師匠の前で噺を披露した時の、師匠の第一声である。

入門から半年経った頃、一門会での私の初高座用に選んでくれた噺を、師匠が自ら稽古をつけてくれたのだ。

「ブーーン」

「うるさい！」

間髪入れずに、

「はい！」

名作、蠅小噺である。

覚えた噺を自分なりに必死に練習して、師匠の前で披露した。

しばらくの沈黙の後の「うーーん」である。

師匠が頭を抱えているのがよくわかった。何から言っていいのかわからないほど、酷かったのだろう。

「もう一回やってみろ」

「ブーーン。うるさい。はい」

「違う！」

「ブーーン。うるさい。はい」

「違う！　お前はただ、ブーンと言っているだけだ。蝿の飛んでいる様を、これは夏の蝿なのか、冬の蝿なのか、大きい蝿なのか、小さい蝿なのか、腹を空かせているのか、腹がいっぱいなのか、オスなのか、メスなのか……」

師匠から続けざまに投げかけられた言葉に、私は頭がいっぱいになった。


「ブーーン」

「違う！」

「ブーーン」

「違う！」

師匠の「違う」が早くなってきた。

「違う違う！」

仕舞いには、私が「ブーーーン」を言う前に「違う！」が飛んできた。

その後、沈黙が流れた。

「よく考えて、明日もう一度だ！」

さあそれから私は、電車の中でも、家の中でも、「ブーーーン」「ブーーーン」「ブーーーン」。

ブータン国王のお嫁さんはかわいい。

「ブーーーン」

「ブーーーン」

スパイダースの歌にあったな（後で調べてみたら、「バン・バン・バン」だった）。

「ブーーーン」

「ブーーーン」

「ブーーーン」

次の日、師匠の前で渾身の「ブーーーン」。

沈黙……。

「また明日！」

これが五日続いた。

六日目に、

「まぁいいか」

やっとＯＫが出た。これでやっと「ブーーン」地獄から解放されたと思った私は、天にも昇る思いだった。

その途端、

「次は、『うるさい』だな」

また、地獄への逆戻りだ。


「うるさい」

「遅い。間延びしている」

「うるさい」

「早すぎる」

最終的なＯＫをもらったのは、二週間後のことだった。

いざ本番当日、国立演芸場で披露する直前、高座の袖で師匠が大丈夫かと私を心配そうに見て声をかけてくれた。

私も緊張していたけれど、師匠も緊張しているように見えた。

「大丈夫です」

そう言いながらも、心臓はバクバクしていた。なにせこちらは客前で一度も話したことのないズブの素人だ。

太鼓が鳴って、高座に向かう。座布団に座って、自己紹介もせず、いきなり
「ブーーーン」

「うるさい！」

「はい！」

お辞儀をして下がる。満員の客席がフリーズした。

舞台袖に戻ってきた私に師匠は何も言わず、肩をたたいて高座に上がっていった。

その後ろ姿を見ながら、思わず
「師匠ーーーーーー！」

と叫びたかったのを我慢したことを今でも覚えている。

初高座の蝿は、どんな蝿だったんだろう。

「ブーーーン」

チャーハン激怒事件（何も言えなくて……夏）

あれは、夏の日のことだった。

兄弟子の二人、さん坊（現・喬志郎）兄、さん市（現・小傳次）兄と師匠宅で留守番をしている時、お昼は何にするか話し合った結果、チャーハンを作ることになった。

具材を冷蔵庫から取り出し、冷や飯を炒め始めて数分後、電話が鳴った。

師匠からだった。

「今、松坂屋でコロッケ買ったからな」

約三十分後、師匠がご帰還。玄関にお迎えに出る三人。

私が嬉しそうにコロッケの袋を受け取ったのも束の間、師匠が醤油の焦げた香りに気がついた。

「お前たち、何をやっている？」

三人は、弱々しく声を揃えた。

「チャーハンを作りました……」

「コロッケ、買ってくるのは知っていたよな。それでチャーハンを作るとは何事だ！」

三人は、まさに青菜(あおな)に塩。

「コロッケには白米だろう！　お前たちは噺家に向いていないぞ。辞めてしまえ！」

前座の三人は、「すみませんでした」「ありがとうございます」「よろしくお願いします」の三つしか言葉にできない。何か言うと、言い訳になってしまう。当然、コロッケを知る前にチャーハンを作っていたとは言えない。

師匠は激怒したまま、部屋に入ってしまった。

後に残された三人は、絶望感でいっぱいだった。


三人が寄席に出かける時間が迫った頃だった。

師匠が部屋から出てきて、諭すよう言った。

「お前たち、前座だろうと芸人なんだぞ。続けたいなら、人の気持ちを汲めないとダメだ。

わかったか」

破門でないことがわかり、ほっとする三人。

「そろそろ出かける時間だろう。コロッケ食って行け。松坂屋のだぞ」

そのコロッケは、しょっぱい味がした。

外では、セミが鳴いていた。

百万円

それは、雨の日だった。

その頃の私は、大学の卒業を間近に控えていながら、就職活動もせず、怠惰な日々を送っていた。

周りから、どこそこに就職が決まったと聞かされる度、自分も何とかしなくてはと焦りつつも、企業に勤めて働く自分がどうしても想像ができず、就職活動に背を向けていた。

かといって、何かをしたいというのもなく、ただただ時間ばかりが過ぎて行く。

そんなある日、私はいつものように訳もなく新宿をうろついていると、急に雨が降り出した。

雨宿りに紀伊國屋書店に入ると、一階のエスカレーター付近にあった「紀伊國屋寄席」というポスターの「本日公演」の文字が目に入る。

久しぶりに落語でも聴いてみるかとチケットを買い、紀伊國屋ホールに足を踏み入れる。

そもそも落語は、子供の頃よく聴いていた。

ただ、私のような片田舎の小学生が実際に見て聴くことはできず、もっぱらラジオにかじりついていた。

その当時は、いろいろな落語番組があり、中でも好きだったのが、毎週月曜日から木曜日の夜九時半に始まるＮＨＫの「ラジオ名人寄席」だった。

玉置宏さんの司会で、落語を約二席流す二十五分ほどの番組で、落語と落語の間に披露するエピソードが素敵で、またその司会者の語り口に聞き惚れていた（どんな中学生だ！）。

横浜にぎわい座の館長をやっていらっしゃった玉置宏さんと楽屋でお会いできたのは、私の前座時代の宝物である。

いささか脱線したようなので、話を前に戻そう。

その日の紀伊國屋ホールは、ほぼ満員で熱気に満ちあふれ、最後列に座った私にも伝わるほどだった。久しぶりに聴く落語は面白く、「やっぱり生はいいものだな」と思った。

あっという間の二時間。

トリで出てきたのが柳家さん喬で、演目は中村仲蔵(なかむらなかぞう)。

噺の筋は、不遇をかこっていた役者が苦心の末、新たな芝居を創り出すという……ざっくりしすぎだが、なにせ噺の途中から展開はそっちのけで、どうかこの時間が終わらないでくれと願うばかり。

さん喬という演者が消え、高座に江戸の街や芝居小屋が見え、仕舞いには仲蔵の息遣いまで感じられる。

「落語、スゲー！」

「さん喬、スゲー！」

会場を出る時は、この人の弟子になりたいと思っていた。

軽い気持ちで入った落語会で、帰りには噺家を目指すことになるとは……。

人生は、つくづく面白いものだと思う。

その日は、「サア、明日から弟子入りだ」と昂ぶった気持ちで家路についたが、それからが大変だった。

まず、どうやって弟子入りするか。SNSも何もない時代、自分で方法を見つけるしかない。

以前、テレビのドラマで見たことがある、自宅に伺って「弟子にしてください！」といきなり玄関で土下座する姿が頭に浮かんだ。けれども、そんなことをする度胸は自分には全くない。

ならば、「手紙を出そう」と決めた。けれども、住所がわからない。

どうしたものかと考えていたら、たまたま大学の図書館に『演芸家協会』の名簿があった。

名簿には落語、講釈、浪曲、漫才等々演芸に携わる方々の名前と住所と電話番号が記されている。

そこに、「柳家さん喬」の名前を見つけた時は、合格発表で受験番号を見つけたような嬉しさだった。

早速、噺家になりたい、弟子入りしたいというその想いを自分なりにしたため、手紙を投函する（後で聞いたら、身代金を要求するような文字だったらしい）。

その一週間後に、返事が返って来たのには驚いた。まさかすぐに、見ず知らずの私に返信が来るとは思っていなかったのだ。

恐る恐る手紙を開いて見ると、そこには綺麗な字で断りの文面が記されている。大学まで行って就く仕事ではない、食べて行くのは大変だ……。

これを見て落ち込むどころか、弟子入りしたいという思いが更に強くなる。懇切丁寧に辞めるように諭されればされるほど、それらの困難を乗り越えてやろうじゃないか、と。

若さとは怖い。

一週間後に諦めきれない想いを書いた手紙を出し、会うだけ会っていただけることになる。

その日も雨だった。

上野鈴本演芸場の近くの喫茶店に入る。

ガチガチに緊張し、うまく話せない不審者気味の私に、師匠は柔らかな物腰で生まれや大学、貯金がどのくらいあるかを尋ねてくれた。

私が正直に答えると、

「それではダメです。自分で稼いで、少なくとも百万円はなくてはいけないよ」

「弟子入りしたら、アルバイトもできず、当面無収入になるから、それくらいの蓄えがないとダメです。話は、そこからです」

普通は、ここで断られていると思うのかもしれないが、百万円を貯めたら弟子入りが許されると思ったのだから、思い込みもはなはだしい。

喫茶店を出た時は、高揚感でいっぱいだった。


アルバイトを見つけて、一年間、がむしゃらに働いた。

飯田橋にある出版物の取次会社で、来る日も来る日もベルトコンベアーで流れてくる本や雑誌を仕分けていた。

いつか噺家になれる日を夢に見ながら。


一年が経った頃、通帳の貯金額が百万円を超えているのを見た時の嬉しさと言ったら、まさに天にも昇るような心持ちだった。

これで噺家になれるんだ……。

すぐに私は一年振りの手紙を投函する。

師匠も驚いたことと思う。お宅に伺うこととなり、弟子入りがようやく許される。

一通りの話が済んだ後、師匠から「お食べなさい」と出てきた西瓜（すいか）にいきなりガブッといったら、むせて涙が出てしまったのは未だに忘れらない。

今からちょうど二十年前の暑い日のことだった。

ふるさと

柳亭 左ん坊

柳亭左龍の弟子、左ん坊（さぼう）でございます。

私は、静岡県の島田市というところで育ちました。一面の茶畑を抜けると、大井川という大きな川が流れ、橋の上からは富士山が見える、それが私のふるさとです。

このような土地でのびのびと育てられ、大学へ入学すると、落研(おちけん)に入ります。素人ながら落語を演じる楽しさに惹かれ、落語家になりたいと思うようになりました。

私が師匠・左龍のところに弟子入りを決意したのは、池袋演芸場で長短(ちょうたん)を聴いた時です。

寄席ののんびりとした雰囲気と、師匠の登場人物のかわいらしさがとても魅力的でした。

その後、師匠に入門をお許しいただいたのですが、間を置かず、大師匠さん喬にご挨拶に伺うことになりました。

師匠に会うだけでも食べ物が喉が通らないほど緊張するというのに、大師匠に会う、それは高校受験と大学受験がいっぺんに来たような心持ちでした。

実際に大師匠にお会いすると穏やかで、お優しく、高座をそのまま切り取ったかのようでした。そこで、「左ん坊」という名前を頂戴しました。

その日が今までで一番嬉しく、すぐに両親に報告しました。

私は今、一年半の見習い期間を終え、前座という立場です。

毎日、師匠のお宅にお伺いし、朝ごはんをいただきます（師匠とおかみさんが作ってくださるのですが、これが非常に美味しく、喉を通らないどころか、通り過ぎてしまうほど、たくさんいただいております）。そして、用をすませると、寄席に行く。こういった生活です。

師匠と同じものを食べ、師匠とともに生活をする。師匠がどういうことに関心を持ち、どういうことを大切にするのか。それを間近でみせていただける今の期間は、本当に勉強になります。


楽屋では、お茶を淹れたり、着物を畳んだりしますが、その合間に、師匠方の話、舞台袖では噺を夢中になって聞いています。

師匠と大師匠は、先代の小さん師匠の話をよくしてくださいます。私にとっては師匠の師匠のそのまた師匠。音源でしか聞いたことのない師匠です。

小さん師匠はよく、「芸は人なり」と仰っていたそうです。この言葉を聞いた時、すっと心の中に入ってきました。

師匠も大師匠も、師匠の家に通い、御用をする。その中で、生活を共にすることで、価値観を学んでいったのです。

師匠の落語にも、大師匠の落語にも、小さん師匠の落語にも、人間のかわいらしさがあります。それは長い時間の中で、師匠方が同じように大切にしてきたからこそ残っているものだと思います。

そのおかげで、私は落語に魅力を感じ、弟子として、修業させていただいております。

私は、まだまだ駆け出しで、噺家としてのスタートラインに立ってすらおりませんが、楽しく修業に励んでまいります。

寄席の楽屋で淹れる静岡のお茶に、ふるさとを思い出します。

いつまでも自分を育ててくれた土地、そして人に感謝できる、そういった人でありたいと思います。

入門前写真館②

兵三郎

さん助

小傳次

小傳次

七席目●声優→俳優→噺家

柳家小傳次

生年月日／1978年2月19日
出身地／東京都目黒区
出囃子／子守り
紋／丸に三ツ柏

師匠からひと言

小傳次のこと

小傳次はイケメンだった！ 二十一歳と若く入門したこともあるが、とにかくイケメンだった。今は腹は出るし、顔は昔を忍ぶこともできず、ただ普通のおじさんになっている。だが、年のわりには若く見える。時々、「今、ダイエットしてます」と言うと、ひと月ほどで見事に痩せてイケメンに戻るが、ひと月後には、またただのおじさんに戻る。痩せたり太ったり、お前は風船か？

一門すべてに言えることは、皆んな人が良い。特に小傳次から愚痴のような言葉を聞いたことがない。もっとも芸人が愚痴を言ったら、もう先がないかもしれない。愚痴は前に進むことはなく、また現状に留まるだけで時として後退になる。

小傳次は急にバイオリンの稽古を始めたり、スイーツに興味を持ったりして、落語そっちのけで、それに没頭する。末は川上音次郎になるか、巴里（パリ）スイーツ界に打って出るか？ ケーキ片手に「八っつあん、こっちへお上がりよ！」なんてこともないだろうが。とにかくバイオリンの腕は聞くに耐えないが、スイーツはなかなかのものだ。時々、自分で作ったチーズケーキなどを仲間に振る舞う。これがなかなか旨い！ バイオリンは駄目だが、スイーツはイケメン、その調子で落語もイケメン？ ……失礼しました。

小傳次が後輩と話しているのを聞くと、喧嘩しているのかと思うほど、角のある声で話す時もあるが、人は良い！ 声の大きい人に悪い人はいないと言うが、口を尖らせて話しているのを見ていると何となくそう思える。

高校三年の夏、野球部の最後の試合も終わり、いよいよ進路を決めなければならないという頃。私は困りました。

な～んも考えてなかった。

自分は何をしたいのか、将来何になりたいのか。それまで考えたこともなかった。

何となくサラリーマンになって、何となく事務的な仕事をして給料もらって、何となく平和で平凡に暮らす……みたいな感じかなぁ、くらいに思っていました。

しかしそのためには、どこかしらの大学へ進学して、そこそこの企業へ入社して、それなりにしっかり仕事をこなさなくてはいけない。つまり、第一歩として大学へ入らなければいけない。

実際、同級生はほとんどが大学受験に備えて勉強に打ち込んでいました。

自分は……。

「勉強キライだ！」

「もう勉強したくない！」

「将来役に立つか分からん科目を勉強してもしょうがない！」

と思っていました。

内心は「教科書がチンプンカンプンで全然理解できないから、もうやりたくない！」のほうが強かったかも知れませんが。


この頃の私の通知表は、５段階評価の2がズラーっと並んでいて、たまに3と1がポツポツと、という成績。一番苦手だったのが国語、その中でも苦手だったのが古文。

土佐日記の感想を聞かれ、

「他人の日記を勝手に読んじゃいけないでしょ」

とヘリクツを言ってたり。

そんな人間が、今や古典落語でメシを食ってるんですから、世の中分からんもんです。

まぁとにかく、不必要な勉強を避けたかった私は、「大学進学はしない」と親に告げました。

すると父親から「進学しないなら働け」という至極真っ当な返事。

しかし、世はバブル崩壊後の不景気の最中。何の特技も資格もない高卒の未成年が、簡単に職に就ける世の中ではない。

ではどうしよう？　考えて出した答えが「専門学校」でした。これなら自分のやりたいことが学べるし、後の就職への道も拓ける。

よし、専門学校へ行こう！

とは言うものの、専門学校と一口で言っても、色んなジャンルのものがある。分厚い専門学校案内の本を見ながら、どのような学校があるのか、自分は何になりたいのか必死に考え、ふと目に留まったのが「声優」の専門学校でした。

昔から漫画やアニメが大好きでよく観ていたので、アニメに携わる仕事がしたい。絵はそんなに上手くないけど、声優なら何とかなるかも!?、などという、やはり甘い考えで声優の専門学校を志望しました。

親からは何か言われるかなと思いましたが、「へぇー、そういうジャンルに興味があるのか」と言われただけで、何の反対もされませんでした。

有難いことです。

オーディションを繰り返し、筆記をパスし……なんてものは一切なく、履歴書一枚を郵送しただけで即合格。

秋に早々と進路が決まってしまったので、卒業までの半年間は、受験勉強に追われる同級生を横目で見ながら、自分はラクラクのんびり楽しい学園生活（その後の苦労など知る由もなく……）。

追試と出席日数で辛うじて単位を拾い、無事高校を卒業。

東京アニメーター学院・声優科へと入学しました。


入学前は、「おそらく声優になるためには、腹筋と体力が必要になるだろう。なので学校に入ったら、体力作りのためのランニングや筋トレもやらされるんだろうな」と思っていたので、野球部の経験を活かして身体づくり。

そして入学。いざ入ってみたら、そんなものは一切なく……。

授業内容は主に芝居、あとは歌唱、ダンス、殺陣、そしてアフレコ実習等でした。

声のための呼吸法や、身体の力を入れる・抜くという指導が多少ありましたが、ハードな運動は一切ナシ。ちょっと拍子抜け。

でも、すべてが今までにない経験だったので、毎日の授業がとても楽しかった。そして、楽しいから毎日熱心に授業を受けました。

それが講師の先生方にも伝わったようで、何かにつけてけっこう「奥山くん（私の本名）やってみましょう」と、名前を憶えてくれて、声をかけられる場面が多かった気がします。

その中で特に目をかけていただいたのが、アフレコ実習の講師で週一回来ていただいた声優・増岡弘（ますおかひろし）さんでした。

増岡弘さん。サザエさんのマスオさんや、アンパンマンのジャムおじさんの声を当てていた有名な声優さんです。他にも、ご自分で劇団の主宰などもしていました。そんな方が自分の名前を憶えてくれて、授業後にお茶に誘ってくださったりしてくれました。

そんな増岡さんからある日、

「今日、うちの劇団の稽古があるんだけど、見学に来ない？」

と誘っていただき、高円寺の稽古場へ。

劇団員の皆様にも温かく迎えられ、稽古風景を見学させていただきました。

その日は「高円寺お茶の間劇場」という、劇団員さんがそれぞれ個性を活かした特技を披露するという変わった公演を近々やるということで、その稽古でした。

コント、歌、踊り、落語……、色々な出し物があり、

「ヘェ～、皆さんお芝居の他にも、こんなことができるのか。芸達者なんだなぁ」

というのが、その日の印象でした。

それから度々、劇団の稽古を見学させていただくようになり、いつしか「自分もこの劇

団に入りたい」と思うようになりました。


三月。

専門学校は二年制なので、もうすぐ進級という頃。

増岡さんに「うちの劇団養成所のオーディションがあるけど、受けてみる？」というご案内をいただき、オーディションへ。

募集人数十五名のところ、受験したのは十七名。けっこう広き門。でも油断すると通れない門。

オーディションの内容は、筆記（主に漢字の読み書き）、アドリブ演技、架空競馬の実況、そして自己アピール……、だったと思う。

何せ、だいぶ前のことなので、この辺の記憶は曖昧。


そこそこ無難に（？）すべてをこなし、自己アピールの似てないモノマネで失笑を買いましたが、何とか合格。

専門学校の二年目も残っていたので、この年は昼間に学校、夕方から養成所と、両方へ通い稽古をしました。どちらも演技指導が中心でしたが、専門学校では歌唱、養成所では日舞も教わりました。

声優になりたいのに、こんな授業が本当に必要なのかなぁと思っていましたが、噺家になって
「あの時の歌唱指導がこの噺の都々逸を唄うところで活きてる」

「あの時の日舞が落語の所作で役立ってる」

と、無駄なく活かされていることに後から気づきました。

何でもやってみるもんですねぇ。


養成所では、落語もやりました。

増岡さんが落語好きだったことと、落語は瞬時にキャラを変えたり、間の取り方が難しいので、声優を目指す人には最良の勉強になるということで、全員やらされていました。ほとんどの人は文字通り「やらされている」感じでしたが、私は楽しんでやっていました。

それまでは、「落語＝『笑点』の大喜利」だと思っていた私が、本格的に落語というものを知って興味を持ったのはこの時からです。

養成所では、全員、「道具屋」の聞き書きプリントをもらって憶えてやっていたのですが、

これだとみんな同じような内容、同じような喋りになってしまう。

なので「何か他に資料はないですか？」と増岡さんに言うと、柳家小三治師匠の「道具屋」のテープを貸してくれました。

初めて聞いた落語テープがこれでした。

面白かった。

声だけなのに、ヒゲを一本一本抜く仕草がしっかり思い浮かびました。落語家って凄いなぁと感心しました（でも、流石にこの時は自分がなりたいとまでは思いませんでしたが）。

それからも、芝居の稽古をしながら、趣味で落語のテープやＣＤを聴くようになりました。

志ん生、圓生、小さん、志ん朝、小三治、ｅｔｃ……。

最初に聴いたのが小三治師匠だったせいか、小三治師匠のＣＤを聴くことが多かったように思います。


一年間、専門学校と養成所、両方で芝居を学び、三月に専門学校の卒業公演。

「私の青空」という芝居をやりました。

私の役は江戸っ子のチンドン屋の親方。まさに落語に出てきそうな役でした。

養成所のほうも卒業公演をやりました。

こちらは本の朗読劇です。芝居のように衣装を着たり動いたりはしませんが、それぞれ役分けをして、役になりきってセリフを喋る。

……考えてみたら、多人数でやる落語みたいなもんですね。

私の役は、こちらも江戸っ子のおじいさんでした。


学校を卒業し、養成所のほうは、そのまま劇団のほうにスライド昇格となりました。

晴れて劇団員の一員です。

劇団員になると、自分たちで公演を立ち上げ演目を決め、それに向けて稽古をする。落語か芝居かの違いはありますが、勉強会をやるときの今の状況とほぼ同じですね。

劇団なのでやはり基本はお芝居なのですが、うちは声優志望の人たちが集まっていますし、主宰が落語好きというのもあるので、芝居以外のことも色々やりました。

その中でもよくやっていたのが落語会。

というより、落語の発表会というほうが近かったかもしれません。

各々がやりたい噺を憶えて、稽古で増岡さんにダメ出しをもらって修正し、本番で披露します。

年一回くらいのペースで落語会をやっていたので、年に一〜二個の新ネタを憶えていました。

その時分に、憶えたネタは、実は今もできたりします。……やりませんけどね。

若い頃に憶えたものは、けっこう後々まで残っているものです。

劇団員の中には、

「自分は俳優や声優になりたいのに、何で落語をやらなくちゃいけないの？」

と落語を嫌がる人もいました。むしろ、そちらのほうが多数派だったかな。

私は少数派の「喜んでやるほう」でした。落語が楽しかった。

お芝居はどちらかというと、感動とか泣かせる内容が多かったですが、落語は主に笑い話。しかも一人でできる。もちろん、ウケなかった時はすべて自分の責任というリスクもありましたが、ウケた時の充実感は何とも言えないご褒美でした。

そんな感じで、私は少しずつ芝居から落語のほうに心変わりしていきました。


劇団員になって一年半。

この頃から劇団員同士の仲がちょっとギクシャクし、自分は芝居より落語のほうが楽しくなってきたこともあって、「劇団を辞めて噺家になりたいなぁ」という気持ちが強くなりました。

そして増岡さんに相談。

「落語家は落語しかできないが、ここにいれば芝居も落語もできるよ」

という言葉を聞いて、もう少しここで頑張ってみようと一旦思いとどまりました。

この時期はよく落語会に足を運びました。

一番よく観に行ったのは、鈴本演芸場で毎週日曜午前中に開催していた早朝寄席。そのままの流れで、昼席まで観たりもしていました。

師匠さん喬を初めて観たのも、鈴本演芸場の昼席でした。

とてもしなやかで、聴き心地の好い師匠だなぁというのがその時の印象です。それからも、あちこちの小さな落語会やホール落語を見て、興味を持ったのが、さん喬・喬太郎の二人でした。

キッチリした古典落語をやる師匠なのに、その一番弟子がブッ飛んだ新作落語をやる。面白い師弟だなぁと関心を持ちました。

十二月。

劇団でお芝居の公演を打つということになり、それに向けてみんなで稽古をしていましたが、この頃はギクシャクのピークを迎えていました。

何とかかんとか、無事に全公演を終えることができましたが、自分的にはもう限界。ここにいることも、ここで芝居を続けることも苦痛でしかありませんでした。

公演の打ち上げが終わり、増岡さんと二人で帰路についている時に告げました。

「……やはり、劇団を辞めます」

「辞めて、この後どうするの？」

「噺家になろうと思います」

「噺家になるには、誰かに弟子入りしなくちゃいけないんだよ。誰の弟子になるの？」

「柳家さん喬師匠の弟子になれればと思っております」

「さん喬師匠……。じゃあ、私が柳家さん助師匠（二代目）と知り合いだから、話をしておいてあげるよ」

「ありがとうございます」

とは言ったものの、噺家の弟子入りなんてそんなに簡単にできるものじゃないだろうし、まだまだ観たことのない噺家もいっぱいいるから、しばらく色んな人を観て、それから考えようと思っていました。

劇団を辞めた翌日、増岡さんから電話があり、

「さん助師匠に話をしておいたから、さん喬師匠に会ってきなさい」

！！！

展開早すぎ！！！

ちょっと休んで考えようと思ってたのに！！！

でも有難いお話なので、とりあえずお会いしてみようと、新宿末廣亭に出演していたさん喬師匠に会いに行きました。

その日が十二月二十六日、暮れの押し迫った時期に弟子入りのお願いとは、今考えると迷惑千万（せんばん）なヤツですね。

木戸口で受付のお姉さんに、

「さん喬師匠にお会いしたいのですが……」

と伝えると、師匠がわざわざ楽屋から出てきてくださいました。

そして近くの喫茶店に入り、コーヒーを飲みながら話をしました。

師匠は、さん助師匠からの連絡で私のことを聞いていたらしく、

「噺家になりたいの？　でもこの世界に入っても良いことなんかないよ。売れる保証もない。やめたほうが良いよ」

しかし私は「落語がやりたい」「この人の弟子になりたい」「一門に入りたい」という気持ちが強すぎて、「やめたほうが良い」という言葉は耳に入ってきたあと、すぐ頭の中でかき消していました。

「まぁ、とりあえずしばらく考えて、それでもやはり噺家になりたいと思ったらまた来なさい」

という言葉をいただいて、その日は帰りました。


年が明けました。

人生で一番モヤモヤした年末年始でした。

どうしても噺家になりたいという気持ちは収まらず、もう一度さん喬師匠に弟子入りのお願いをしようと、一月三日に浅草演芸ホールに行きました。

一年で一番忙しい初席に弟子入りのお願いに来る。モノを知らない（実際、初席というものをまったく知らなかった）迷惑な素人です。

ロビーで待っていたら黒紋付・袴姿の師匠が見えたので、スーっと近づいて行って、

「考えましたが、やはり噺家になりたいです。弟子にしてください」

師匠は優しい口調で言ってくださいました。

「来週、私の家に来なさい」

一月九日。

スーツにネクタイ姿で教えていただいた住所に伺うと、師匠・兄弟子たちが集合して私を迎えてくださいました。

あ、喬太郎兄さん（当時、二ツ目）はいませんでした。真打昇進直前の時期だったので、忙しいんだろうなぁ、と思っていましたが、後で聞いたらただの遅刻だったようです。

お茶も出してくださいましたが、緊張で飲めずジッとしていると、師匠から、

「君の入門を認めます」

という有難いお言葉。

こうして私は、晴れてさん喬一門の一員となりました。

「ご飯まだだろ？　食べて行きなさい」

と、カレーを出していただいたところで、喬太郎兄さん到着。ご挨拶をして、一緒にカレーを食べました。

緊張で味はあまり憶えていませんが、残さずキレイにいただいたので、美味しかったんだと思います。

「明日から毎日通いなさい」

翌日から私の噺家修業が始まりました。

そして前座になり、二ツ目になり、真打に昇進し……あれから二十年。

辛いこと、苦しいこともありましたが、師匠さん喬に弟子入りして、噺家になって、落語をやり続けて本当に良かったと思っております。

しかし、まだまだ人生半ば。

落語は死ぬまで修業。初心を忘れず、これからもずっと修業を続けて参ります。

〈追記〉

私はこんな感じでけっこうスムーズに噺家になれちゃいましたが、かなり稀な例だと思いますので、参考にしないでね。

てゆーか、幸せに楽しく暮らしたい方は、噺家以外の仕事に就くことを強くオススメいたします。

入門前写真館③

さん喬（入門後）

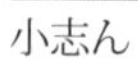

小志ん

喬志郎
（大学時代）

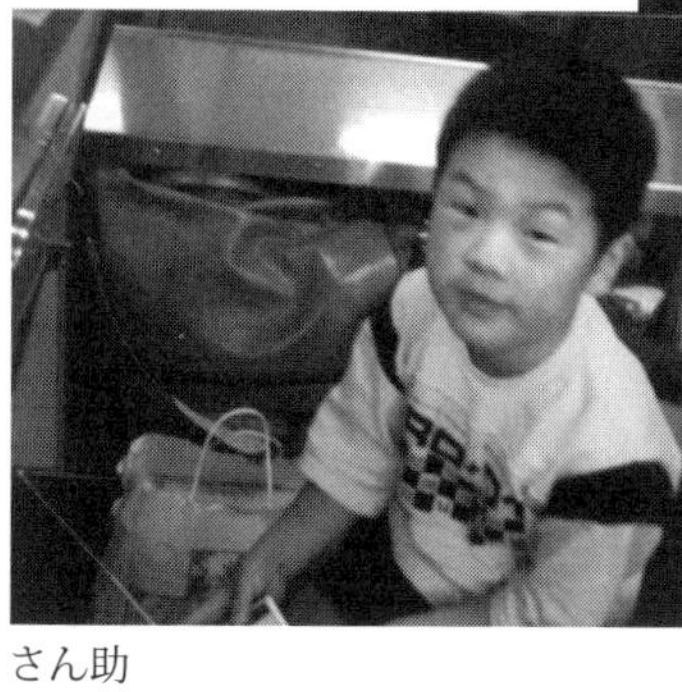

さん助

左ん坊

八席目●始まりは賭け

柳家喬志郎

生年月日／1972年7月15日
出身地／静岡県牧之原市
出囃子／かんかんのう
紋／丸に三ツ柏

師匠からひと言

喬志郎のこと

喬志郎は、我が一門では異端児かもしれない。落語に関しては、喬志郎の世界を創りかけている途中だが、努力しているのか、してないのかが伝わらない。きっとしているのだと思う。新作の落語は、喬志郎独特の世界であるが、首を捻(ひね)ることが多い。その首を捻る部分にファンが多いのも不思議だ。飄々(ひょうひょう)と話して摑みどころがないのが喬志郎の良さだろう！ 人間も摑みどころがない。何を言っても「そうですか、アハハハ、ハ！」。

弟子入り志願の時、「落語家は喰えないよ、貧乏にしかならないよ、買いたいものも買えないし、食べたい物も食べられない、行きたい所も行けないよ、もちろん、恋人なんか絶対無理（この顔では！）」と言ったら、喬志郎は「それは今と変わりがありませんから、大丈夫です」と言った。確かに二十年経った今でも、それは守っているようだ。それを苦労とも思わない所に、異端児らしさを感じる。兄弟子と交わることも少ないようだし、後輩と近づく時も無理はしていない。でも、一門としての存在感は確かにある。そして、楽屋の後輩たちは、喬志郎を褒める。

前座の頃、稽古をして、いざ聴く段になると噺の前半をスッパリ切って途中から話し始めた。私は「チョット待て！ なぜ前半の仕込みをやらないの？」と聞くと、「はい、必要がないと思いましたので！」。やっぱり異端児？ いや、異星人！ この異性人にいつか落語という星を乗っ取ってもらいたい！

早いもので、私が入門して、あっという間に二十年という月日が流れました。

昨日のことのような、ずいぶん昔のことのような。光陰矢の如し。

噺家は、師匠と弟子の関係です。

会社に例えるならば、社長と社員といったところでしょうか。一度入れば安泰という訳ではなく、当然、途中で解雇、クビになることもあります。

私も例外ではなく、クビの危機は多々ありました。多々ある人は、少ないかも知れませんが……。


私のおぼろげな記憶の中でも、師匠に「辞めちまえ！」と言われたのは、数十回ほどでしょうか？

もっとたくさんだったかも知れませんが、「辞めちまえ！」であって、「クビだ！」ではありませんでした。

私は、朝が弱く、寝坊は数知れず。また、師匠の用事で買物に行ってカードをなくしたり、禁止のタバコを吸って見つかったり、素行だけでなく、心根、いわゆる料簡って奴も気持がこもっていない、何を考えているか分からないなど、師匠を怒らせて、ご迷惑をたくさんかけていました。

今、振り返れば、私が言うのも失礼ですが、よく辞めさせなかったなと。

怒られた時は、土下座をして謝るのですが、私もよくあれだけの数の土下座をしたなと思います。


クビになりそうな時は、いつも兄弟子たちに助けられていました。

今では、「お前なんか庇うんじゃなかった」と笑い話になるのも、クビになっていないからであって、兄弟子たちには、足を向けて寝られません。

一門によって、違いはあるでしょうが、うちの一門は、師匠も大事ですが、とにかく、

「兄弟弟子を大事に！」

という師匠の教えがあります。

うちは、たくさんの弟子がいますから、本当にたくさん助けられています。

人数が多い分、時々は、煩わしいこともありますが……。

師匠と外食をすることは、よくあります。

もちろん、ご馳走していただく訳ですから、弟子が多ければ値段も張るので、それだけ

でも大変なことです。

寄席や落語会のあとに行くことが多いのですが、二人きりというのはあまりありません。

それでも、一番初めに師匠と二人で外食したのは、私が入門して、五代目小さん師匠に名前を決めていただいた帰り道、高田馬場（たかだのばば）の回転寿司でした。

デザートも回ってくる寿司屋で、マンゴープリンを食べて、

「寿司屋でプリンを食う奴は、許せない」

と初めて師匠に怒られた場所でもありました。


その次が、品川のカレー屋。

カレーとサラダを頼んで、金属が苦手な私が、カレーを箸（はし）で食べていたら、

「ライスカレーは、シャジで食うってクスグリがあるだろう？　カレーはシャジで食うもんだ！」

と怒られました。

今思えば、色々なことを教えてくださっていたのだと分かりますが、当時は、師匠と食べに行くと「怒られる!!」と思い、二人で食べるのは嫌でした。

当時は、箸でカレーを食べる私に、ひどくご立腹な師匠でしたが、今では、師匠のお宅

に、私専用の木のスプーン、いや木のシャジがあります。

木のシャジなら、金属が苦手な私でもシャジでカレーが食べられるだろうと用意してくださいました。

怒られた時のことを考えると嘘みたいですが、これも私がクビにならずに続けているからこそ、今では、笑い話になるのです。


どんな仕事でも、続けていくのは大変なことです。

これが十年、二十年となると、その過程には、多くの壁があり、迷い、進めなくなり立ち止まり、投げ出したくなることもあるでしょう。

私は、クビになりそうなことは、多々ありましたが、自ら、向いてない……辞めたい……ということもありました。


あれは、私が真打になって半年が過ぎた頃。今から、五〜六年前のことです。

師匠と二人で外食をした時のことです。

店に入るなり、私は師匠にこう言いました。

「噺家、辞めてもいいでしょうか……」

「いいけど、でも、その前に一度、重宝帳(ちょうほうちょう)を頭から見てみるといいよ」

重宝帳とは、噺家の住所録のことです。

私は帰宅すると、重宝帳を頭から見ました。そこには、売れてる人、そうでない人、何をしているか不明の人、様々な人がそこに存在していました。

そして、中頃までページを進めると、私の心の中の霧がサーと消えていきました。

自分は、自分の速度で自分らしく、そして、色んな噺家がいていいんだ……。そんなことに気づかせてもらいました。

師匠の真意は分かりませんが、これは、数年前の私と師匠とのヒ・ミ・ツです（今、ここで書いてしまいましたが）。


そして、重宝帳を棚に戻そうとした時です。

見慣れない封書が出てきました。

それは、私が二十年前に師匠に宛てた入門志願の手紙でした。

そういえば、二ツ目の頃、師匠のお宅の大掃除の際、師匠から「お前に返す」と渡されたものです。

辞めようと思っている時に、どうしてこの手紙が出てきたのだろう？

そして、私はどうして噺家になったのだろう？

私は一応、大学を出ておりますが、浪人、留年もして、長めの学生時代を過ごしました。ですので、いわゆる苦学生って奴で、学費を稼ぐのには苦労しました。

当時、夏休みになると、神奈川の山奥の「キャンプ場」という名の合宿所に住み込みで働きに行っていました。

約五十日間、学生にしては、かなりの額を稼げましたし、食事も付いていたので助かりました。

そんな長期のバイトから帰ってきた大学三年の夏の終わりです。

不意に雑誌を見ていると、吉本興業さんの渋谷公園通り劇場でオーディションがあるという広告が目に飛び込んできました。

山の中から戻ってきたばかりというのもあり、刺激が欲しかったのか、面白半分、ダメモトでオーディションを受けに行きました。

そこには五十人ほどが集まり、一組ずつ、舞台でネタをするというものでした。

私は、何をしたのか、今はまったく覚えてもいないですが、ネタを終えて、家に帰ると留守番電話に、「合格したので、また来てください」というメッセージが入っていました。

それからしばらく、この劇場に通い、三十秒のネタから始まり、面白ければ一分、二分、三分と時間がもらえるようになります。

そこには、今では、テレビに出ている方も何組かいました。ほんの少しの期間ですが、そんな方々と同じ舞台に立っていたことは、今となっては良き思い出です。

あちらの方々も、まさか私が噺家をしているとは予想だにしていないことでしょう。

私は、その当時は、ピン芸人として、一人で活動していましたので、漫才でも、コントでもなく、「何を表現したらいいのか？」と壁にぶつかっていました。

そんな時、テレビから流れてきたのが総領弟子、喬太郎兄さんの落語でした。

一人で何役も演じ、ストーリーもしっかりしていて、「すごい芸術だ!!」と驚きました。

単純な私は、「落語、これこそが自分の表現だ！」と強く感じたのです。

落語のことを調べてみると、喬太郎という人の師匠は、「柳家さん喬」という人で、落語家には、必ず師匠がいるということが分かりました。

「そうだ、さん喬師匠、この人の門を叩こう！」

不思議なのは、その時にテレビで見た喬太郎兄さんに弟子入りしようとは、これっぽっちも思わなかったことでした（兄さんゴメンね）。

もちろん、まだ二ツ目でしたから、弟子は取れない訳で……。

とにかく、師匠さん喬を知り、会ったこともないこの人に入門して、噺家になるという思いが、ここで芽生えたのでした。


師匠を追いかけるようになって、数日が過ぎた頃です。

『さん喬一族の陰謀』という落語会がありました。ここには、兄弟子、そして、師匠も出るということで、足を運びました。

この会では、師匠がネタを十個出し、その中の一つをリクエストで演るという企画をやっていて、私の好きなネタも入っていました。

その時、私は勝手に自分の中でこう決めました。

「もし、私の好きなネタが選ばれたら、私はきっとこの人の弟子になる運命なんだ！」

賭けの確率は、十分の一。

師匠が客席にリクエストをとると、後方から大きな声が聞こえます。

「柳田格之進(やなぎだかくのしん)！」

一瞬、息ができませんでした。

それは、まさに私の好きなネタ、私が弟子になってしまう運命のネタだったのです。

ひょっとしたらの希望から、根拠のない確信に私を導いたのです。

それからすぐに、居ても立ってもいられず師匠に手紙（次頁）を送りつけたのです。

今、読むと恥ずかしい文面ですが、これがすべての始まりなのです。

芸人は、恥をさらして一人前。ルーツをさらけ出すことで、やっと私はスタートラインに立てたのかも知れません。

あと、数年で、私が入門した時の師匠の年齢になります。

私は、あの時の師匠のようになれるのだろうか？

最後に、なぜ私が噺家を辞めずに続けているのか？

それは、師匠、兄弟弟子にたくさんの恩恵を頂きながらも、まだ何一つとして、恩返しができていないから。それだけ。

柳家さん喬　様

１９９９年2月２２日

突然、ワープロでお手紙差し上げます失礼をお許し下さい。

私は、[redacted]と申します。率直に申し上げます。

「私を弟子にして下さい！」

お手紙でこんな事を言う無礼をお許し下さい。

私は、以前、吉本興業の渋谷公園通り劇場というところで、９７年4月から９８年1月までお笑いをやっていました。一人コント的なことをしていまして、その勉強のために落語を少しかじっていたのですが、これが思っていた以上に「おもしろい」ことに気づき、いつの間にか惹かれていました。まだまだ、素人、いや、ど素人で右も左も分かりませんが、「明け烏」「こんにゃく問答」など、度肝を抜かれました。そんな時、ＮＨＫ演芸大賞をテレビで観て、喬太郎さんを知りました。あの保健室の噺です。落語でこんなことが出来るんだ！　すごい！　おもしろすぎる！　何なんだこのキャラクター！　自分もこんな風に演じてみたい！　と笑いと興奮のオンパレードでした。この時、噺家になる決心をしました。　そして、この喬太郎さんの師匠がさん喬師匠であることを知りました。弟子にさせていただくなら、この方しかいない！そう感じました。2月１１日に「さん喬一族の陰謀」を拝見させていただきました。暗転、字幕と期待感が膨らむ演出に、ますます、さん喬一族に加わりたいと思いました。字幕で、さん喬師匠のお題が１０出たときに、私の好きな噺が１つありました。自分勝手ですが、もしも、この噺を演じてくれたら、私は、さん喬師匠のもとに行ける！　と運試しをしました。的中。「柳田角之進」でした。師匠の「柳田」は、とても情が厚く、優しさと強さを備え持った人間味あふれるキャラクターをしておりましを手放したと思う」という柳田のセリフのとき、師匠がうっすら涙を浮かべて、迫真の演技をしているのを観て、目がウルウル、胸がバクバクしながらも、「この芸を吸収したい！」と、私の心が叫んでおりました。

まだまだ、未熟者ですが、何とか弟子にしていただけないでしょうか。何卒、宜しくお願い致します。

お忙しいでしょうが、もしも、お時間がございましたら、お返事を頂けると幸いです。そして、万が一にも、会っていただけるようでしたら、ご都合の良い日を書いて頂ければ、何が何でも行かせて頂きます。

最後に、こういう弟子志願が落語界では、無礼なものでしたらお許し下さい。

お忙しい時の、突然のお手紙を、再度、お詫び申し上げます。

どうぞ、宜しくお願い致します。

そういう日も
あるよね

九席目●今日までそして明日から

柳家喬之助

生年月日／1971年3月4日
出身地／埼玉県所沢市
出囃子／絵島生島
紋／丸に三ツ柏

師匠からひと言

喬之助のこと

喬之助は、一門の中心的な存在かもしれない。上の二人の意見を尊重し、下の者の意見を吸い上げる。中庸を選んで一門の活動を推進していく存在なのだが、私にはよく逆らう。でも、必ず「師匠がそう言うなら！」と折れる。もっとも、折れなければ仕方のない世界だから、きっと腹の中は承知してなくても折れているのだろう。

喬之助は入門前、潜水艦の如く、私を密かに付けて歩いたそうだ。寄席の出入りはもちろん、車の陰や、地下鉄の隣の車両、デパートでの買い物を遠くから眺め、時としては探偵の如く、時としてはストカーの如く付きまとっていたそうだ。それを聞いた時、ちっとも気がつかなかった自分が無防備な人間だと思い知らされた。

左龍と仲がいいようで、左龍のことを人に話す時は、いつも「うちの左龍が……」と話す。左龍は自分のものだと思っているらしい。

新聞記者などになりたかったこともあったらしく、真打昇進のパーティーで、バイト先の新聞社の朋友がスポーツ新聞そのままの号外を出してくださり、「柳家喬之助 真打昇進」という見出しの本物そっくりの新聞をパーティーの出席者の皆さんにお配りした。喬之助の人柄を忍ばせるものだった。

こんな喬之助も二ツ目の時は相当悩み、噺家を辞めようと思ったほど悩んでいた。だが今は、寄席のトリを勤めさせていただけるほどに成長した。努力は、天才に優るのかもしれない。いや、絶対に優る。

「継続は力なり」というが、昔から物事が長続きしない質だ。子供の時分から要領だけはやたらと良かったので、何をやってもそこそこ平均点程度にこなす事が出来た方だった。はじめてみて大体勝手がわかると「まぁこんなもんか」と意欲や熱が冷めてしまい次の興味に目が移る。良く言えば好奇心旺盛、悪く言えば落ち着きのない浮気性で趣味や習い事にアルバイト、何をやってもこの繰り返しだった。

時々「落語好きのお子さんだったんですか？」とか「小さいころから落語家になりたかったんですか？」などと聞かれることがあるが、昔から落語が好きだった訳ではない。というかまるで興味がなかった。子供の頃から本が好きだったので将来は活字に係わる職業、編集者か新聞記者になれたらよいなぁと漠然と考えていた。大学時代に某書評誌でアルバイトを始めて、それからしばらくして某夕刊スポーツ新聞の編集局にもバイトで入局。自動車整備にも興味があったので技術を身に着けたくて自宅近所のガソリンスタンドの深夜シフトでも働いていた。そんなこんなで学校に行く暇がないくらい忙しく、学生とは名ばかりのフリーターのような毎日を送っていた。ずいぶん稼いでいたのだろうと思われるだろうが、あの頃世間はバブル期だったのにどのバイトもやたらと時給が安くて丁稚奉公みたいなキツイ仕事ばかりだった。特に新聞社の編集局は毎日戦争みたいな忙しさで、特に締め切り間際は皆殺気立っていてもの凄かった。整理部の記者や先輩から怒鳴られる↓雑用に追われる↓また怒鳴られるのを繰り返す日々だったが充実していて毎日が楽しかった。思えばこの経験で身に着けた耐性がのちの前座修業に役立ったのかもしれない。初めて落語と出会ったのはちょうどこの頃のことだ。

「行ける人いたらあげる」。バイト先の社員さんから貰ったのは研精会（けんせいかい）のチケットだった。日本演芸若手研精会。それまで落語にまるで興味の無かった奴の落語デビューとしては激しく渋い。グッドチョイスだぞ俺！と二十歳の自分に声を掛けたい気分である。「その日は暇だし行ってみるか」と何となく行く気になったのが今にして思えば運命の分かれ道だったのだ。

会場は国立演芸場。あの日広い客席にお客さんは四十、五十人いただろうか。ずいぶんゆったりしているんだなぁというのが第一印象だった。開口一番は入船亭扇辰（いりふねていせんたつ）（当時の前座名は扇たつ）兄（あに）さんで確か権兵衛狸（ごんべえだぬき）だった。狸札（たぬきさつ）だったかな？　いや権兵衛狸だたぶん。マイファースト落語が入船亭扇辰の権兵衛狸とかこれまた渋くて偶然とはいえナイスチョイスである。素晴らしいぞ俺と二十歳の自分を褒めてやりたい。その後も実力派の二ツ目さん達の気合の入った高座が続きあっという間に終演。良い寄席デビューとなったのである。

この日体験した研精会がきっかけでその後落語にどっぷりハマることになるのだが、正直言って私の心を捉えてしまったのはのちに先輩となる兄さん達の熱い高座でも初めて聞く落語という話芸の素晴らしさでもない。私の心にトン！ときたのは演芸場全体に漂う何とも言えない空気感、今まで体験したことのないまったりとした雰囲気にヤラれてしまったのである。広い客席に少数精鋭の客数。ドカン！とウケはしないが皆好意的に噺を楽しんでいる空気。今まで経験したことのない血湧き肉躍らない不思議な居心地の良さ。なんて贅沢で居心地の良い場所なんだろうと心を鷲掴みにされてしまったのだ。

それから寄席・落語会通いが始まるのだが、今思えば我ながら馬鹿じゃなかろうかと思うほど寸暇(すんか)を惜しんで落語を聴きまくった。寄席定席にホール落語に若手の勉強会。当時は今ほど盛んに毎日あちこちで落語会が開催されてはいなかったが、古典新作協会流派ベテラン若手を問わず行ける聴けるところなら時間が許す限り東京かわら版片手にどこへでも出かけて行った。某新作落語の会に前座で上がっていた喬太郎兄（当時前座名さん坊）がとても面白くてアンケート用紙に「前座のさん坊さんが良かった。粗削りだが光るものがある。古典口調が少し気になるが」と素直な顧客意見を記入したのだが、後日入門後に「お前の本名はどこかで聞き覚えがあるなぁ……。あ！　あの時の生意気な客か！」と過去の行状で窮地に陥ったことがあるので、これから噺家になりたいと思っている入門志望者はよく考えて行動するようにした方が良いかもしれません。

寄席通いをはじめてからもバイト三つの掛け持ちは同時進行継続中だったのでいよいよ

大学には行く暇がなくなり（暇で行くところではないのだが）本格的に幽霊学生となってしまった。そんな状況でも退学しなかったのは「学生証があると寄席に学割で入れる」という実に親不孝な理由なのであった。父さん母さんスミマセン。今思えばあれは就職活動だったのです。

寄席通いを続ける中で一番高座に接する機会が多かったのが我が師匠・柳家さん喬だった。最初から目当てで通っていたわけではない。第一印象はいつも寄席に出ている噺家さん。あの頃とにかくウチの師匠は寄席の出番・高座数が多く遭遇率が高かった。どこの寄席にフラリと入っても必ずプログラムに名前が載っていたのである。出番の浅い深い、短い時間でもトリの長講でも堅実でハズレがない。堅実なのに地味な職人タイプという感じでもなく華やかさもある。そんな様子に惹かれて高座を追いかけるようになっていったのである。

柳家さん喬の追っかけをしてはいたが、噺家になりたくて追っかけをしていたわけではない。落語は好きだったが「噺家になろう」などという気持ちは微塵もなかった。落研所属でもないし、人前で話す事なんて好きでも得意でもない。性格的にもどちらかといえば裏方仕事の方が性に合っていると思っていたし、落語はやるものではなく聴くもので何か特別な素養とかスキルを持っている人間がやる職業なのだと思っていた。あの時までは。

なぜそう思ってしまったのか今もわからないが、その時は突然やってきたのだ。

卒業したらバイト先の新聞社に就職して記者になるつもりだった。入社試験は小論文と面接だけで歴代バイト学生で試験に落ちた奴はいないという噂だったたし、実際先輩たちは皆記者になっていた。安い時給で怒鳴られる丁稚奉公は就職というエスカレーターに乗るための通過儀礼というわけである。ところが突然そのエスカレーターが非常停止した。大学四年の秋に単位不足で卒業できないことが判明したのである。そりゃ普通に考えれば当たり前のことで、試験だけは受けていたけれどバイト掛け持ちの上に連日の寄席通いで授業なんてほとんど受けていなかったのだから当然である。後悔先に立たず。普通に考えたら留年してバイトも新聞社一本に絞って、真心に立ち返って単位を取って無事卒業して就職をと考えるのだろうが、チンケなプライドが思考回路を狂わせた。「俺がもう一年丁稚奉公するのに同期のバイト連中は就職して記者になる。こいつらに怒鳴られあごで使われて『パン買って来い！』とか命令されるのは絶対に嫌だ」と。嗚呼なんて馬鹿。あの時は本当にまともな判断が出来なくなっていた。自分は卒業できず就職できずお先真っ暗なのだと思い込んでいたのである。自業自得なのだが身の回りのすべてに意欲を失い自暴自棄になっていた。

そんな時立ち寄った東芝銀座セブンの土曜寄席で師匠さん喬の按摩（あんま）の炬燵（こたつ）を聴いた。凄い高座だった。しーんとした夜中の静寂が肌で感じられてまるで自分がそこに噺の中に居るようだった。鳥肌が立っていた。帰り道、西武池袋線急行所沢行きの混雑した車内で吊革にもたれて窓に映る自分の姿をぼんやりと見ながら「あんな風に喋ってみたい。落語をやってみたい。あんな噺家になりたい」と初めて思った。あんな風にはできないしなれないと身をもって知るのはまだずいぶん先のことである。

数日後、大学を辞めた。親には無断で勝手に退学届けを出した。今考えると非常識で親不孝な行動だが、相談しても反対されると思ったし、噺家になるためには退路を断たねばならぬそれが誠意なのだと考えたのだ。じつに身勝手で傍迷惑な誠意だが。

その日、出番を終えて末廣亭の裏口から出てきた師匠に弟子入り志願を伝えると、寄席の近く今はなき喫茶バルコニーで話を聞いてくれた。好きになった人と二人きりで喫茶店に入るのはそれが初体験だった。「有名になりたいとか人気者になりたいと思っているのなら他所にいったほうがいいよ」と師匠は言った。自分なりに一生懸命聞かれたことにはっきりと答え、いかに落語が好きか師匠が好きかを訴えたつもりだったが、師匠は終始暗い顔で俯いていて、正直「あぁこれは駄目かもしれないな」と思った。大学を辞めてきた事を伝えると師匠は「うーん」唸って頭を抱えた。そういえばあの日ひとつだけ師匠に嘘をついた。「小太郎さん（現・柳亭左龍）が入ったばかりなのは知っています。私は小太郎さんが二ツ目になるまで待ってもいいのです」と。……嘘です。待てません。すぐ弟子になりたかったです。二十七年越しに謝罪致します。

その後数回の面談を経て入門が許された。師匠の家に通い始めた初日、小太郎兄から掃除の仕方や着物の仕舞い方を教わっていると、夜席に出掛ける時間が迫っているのに見習いの私に掛かりきりで支度が出来ない小太郎兄を見かねて台所に立った師匠が昼食をつくってくれた。美味しいチャーハンだった。好きになった人の手料理を食べるのは初体験だった。翌日は師匠と買い物に出かけて自分用の御飯茶碗を買ってもらったり、厳しい前座修業を覚悟して入門したのに「こんなに幸せでよいのかしらん？」と思うほど毎日が楽しく噺家生活のはじまりを満喫していた。この先に待ち受ける苦脳も知らずに。

入門から約一か月が経ち前座として楽屋入りすることになった。いまは入門から一年間見習い修業をしないと前座として楽屋で働けない決まりがあるのだが、当時は前座の数も少なく、正月初席の人手不足解消のため暮れも押し迫った十二月上席からの急遽楽屋投入が決まったのである。まだようやく師匠の着物の畳み方を覚え始めたばかりで、着物の着方も太鼓の叩き方も噺の稽古もしてもらっていない状況での楽屋入り通知だった。それから数日間の突貫工事で一番太鼓二番太鼓、様々な師匠方の着付けの付き方や着物の畳み方等、前座仕事いろはの「い」だけを小太郎兄に叩き込まれての楽屋入りとなった。結局噺の稽古は間に合わず、楽屋入りから三か月間は楽屋働きだけで高座に上がれなかった。公式プロフィール的には初高座は平成六年三月中席末廣亭ということになっているが、実際には楽屋入りした次の芝居、鈴々舎馬風師匠が歌う「峠の歌」のバックダンサーが私の初高座なのである。

最初の噺は道灌だった。兄弟子二人から聞いてはいたが師匠の稽古は厳しかった。覚えた噺を師匠の前でやるアゲの稽古では言葉をひとこと発する度に止められて直された。訛りや言葉の抑揚、上下の振り方や相対している隠居と八五郎の距離感等、基本的なことが何もできておらず、何度やっても「朗読だな」と言われひたすら落ち込んだ。兄弟子二人と違って落研出身者ではなかったので、あまりの出来の悪さに師匠も驚いただろうなぁと思う。二十分程の噺の稽古に二時間近く掛かるのは当たり前で、稽古が終わる度にいつも師匠は「すぐに立つな！」と言った。稽古の間はずっと正座で痺れを超えて足の感覚は無くなり、無意識に立ち上がろうとしたとたんに足首を骨折するからという理由で。実際に折った人がいるらしい。……怖い。見る聞くのとやるのは大違いで「これは俺には無理かもしれない」と安易に芸道に踏み込んだ事を激しく後悔した。何度稽古してもらっても道灌はなかなかあがらなかった。

高座に上がって落語はできなくとも寄席の楽屋で働くのは楽しかったし幸せだった。持ち前の要領の良さで楽屋仕事も何とかこなせるようになってきて、師匠方にも名前を憶えて声を掛けてもらえるようになっていた。狭い楽屋で寄席通いをしていたころに好きだったあの師匠やこの色物さんが自分の目の前にいて自分の淹れたお茶を飲んでいる。時には「ありがとう」とか「ご苦労さん」なんて声を掛けてくれる。これは落語ファン冥利に尽きる。……もうファンではないけれども。「前座働きが嫌だった」とか「早く二ツ目になりたかった」なんて噺家仲間も多いのだが私は「ずっと前座でもいいなぁ」なんて本気で思っていた。師匠はそんな私の甘い心を見抜いていたようで「お前は噺家になれたことで満足しちゃってるな」と言われドキリとした。

道灌がようやくあがり、二席目の子ほめを憶えはじめた楽屋入りから半年目、運転手として大師匠・五代目柳家小さんのお供につくことになった。大師匠の運転手兼マネージャーをしていた方が体調不良で、代わりに馬風門下の鈴之助兄さんと私が交互で運転手兼付き人につく事になったのである。寄席や仕事先から週二回の剣道の稽古、買い物に食事に喫茶店とどこにでもお供についていった。お供につくようになってしばらくして師匠から「うちの師匠はお前のことちゃんと怒ってくれるか？」と聞かれた。お供につく孫弟子に気を遣って小さんが怒りたくても我慢しているのでは？と思ったのだそうだ。しかしそんな気遣い無用というくらい私はよく怒られた。

お供につきだして間もない頃だ。ある日大師匠を乗せて東京駅に向かって車を走らせていた。新幹線の時間にはまだ間があるが渋滞気味で時間が掛かっていたので大師匠は少し機嫌が悪い。黄色信号で前方は空いている。よし行っちゃえ！と交差点に飛び込んだ時、後ろからサイレン鳴らした白バイが。嗚呼なんて間が悪い。路肩に停車させられて警官に免許証を渡してバックミラーを恐る恐る覗いてみるとそこには茹でダコみたいな顔した大師匠。怒ってるよ……あー泣きたいよ俺。これは夢？と現実逃避しているところに警官が「運転手さんお仕事は？」と聞いてくる。まだ「落語家です」なんて胸を張って言える身分でもそんな状況でもなかったので小さな声で「自由業です」と答えたら後席の大師匠が「馬鹿野郎！　ちゃんと小三治（こさんじ）の弟子って言え！」……まだお互いの事がよくわかっていなかったお供デビュー間もない頃の事である。

ある時寄席の帰り道、車が走り出すと後席の大師匠が「帰りにコマース寄ってくれ」と言った。当時目白駅そばに色々な店や飲食店の入った「コマース」というマーケットビルがあったのだ。ハンドル握りながら「え？　文楽（ぶんらく）師匠のお宅にですか？」と聞き返すと「馬鹿！小益（こます）じゃねぇコマースだ！おっちょこちょい！」。鈴之助兄さんは大師匠から「鈴ちゃん」なんて言われて可愛がられていたのに、私はこんな調子で怒られてばかりいた。

一度だけ大師匠から「お前稽古はどうしてるんだ？」と聞かれたことがある。運転中だったので前を見ながら「うちの師匠さん喬に稽古してもらってます」と答えたら「そうかい」と一言。しばらく走ってから『あ、お稽古お願いしますって言えばよかったんだ！』と気が付いたが時すでに遅し、最高最大のチャンスを逃してしまった。出来心に道具屋、教わりたい噺は沢山あったのに。

忙しくも楽しい前座時代はあっという間に過ぎ去り、二ツ目に昇進する事が決まった。普通ならば小躍りして喜んで「よし！やるぞ！」と決意を新たに頑張るのだろうが、私は憂鬱だった。二ツ目になるのが、いや前座でなくなるのが怖かったのである。師匠の庇護のもと修業し毎日を過ごす前座と違い、二ツ目は噺家としての実力、落語の腕ひとつで自活していかなくてはならず噺の技量が生活に直結する。それは俺にはちょっと無理だなと思ったのだ。太鼓や楽屋働き等の前座仕事ならば他の誰よりうまくこなす自信はあったが、噺は別だった。いくら稽古してもうまくいかず上達しない自分に嫌気がさして高座に上がるのが辛かった。初高座から喋っていて楽しいと感じたことは一度もなかったし、高座で喋っていると何だか客席に座って冷笑している昔の自分が見えるような気がして嫌だった。評判のいい兄弟子達と比べて力不足の自分が嫌いで情けなかった。居心地のいい場所だけど自分はここにいる資格がないような気がしてたまらなかった。「この辺が潮時なのかな」と思いある日夜席が終わった後に師匠宅に行った。暗い顔をした私の予期せぬ時間の訪問に驚いていたようだが、師匠は何も言わずに話を聞いてくれた。泣きだしそうなのを堪(こら)えて「辞めさせて下さい」と伝えると、しばらく黙り込んでいた師匠は「どうしても辞めたいというなら止めはしないけれど、俺はお前が言うほどお前の噺が駄目だとは思わない。勘違いしちゃいけないよ。噺家の評価を決めるのは自分自身ではなくて噺を聞いたお客さんなんだから」と言ってくれた。「まだ三年半しかやってないんだろ？　この先長いんだから。俺だって喋ってて面白いなんて感じる事なんてまずないぞ」と笑いながら師匠はそう言った。真っ暗闇に小さな明かりが灯ったような気がした。正直、自分の噺をお客さんに評価してもらえる自信なんて皆無だったが、「お前の噺が駄目だとは思わない」と自分が一番評価して欲しい人が言ってくれた事に救われたのだ。ここに居てもいいと言われたような気がして心底嬉しかった。

　真打昇進前後の時期に何故(なぜ)かやたらと倒れて入院した。元々丈夫な方だったので「一度入院生活をしてみたいな」なんて冗談半分に言っていたら、横浜にぎわい座での一門会の真っ最中に心筋梗塞(しんきんこうそく)で倒れ楽屋から救急搬送されたのを皮切りに、肝臓やら心臓弁膜症(べんまくしょう)やらと短期間に立て続けに何度も入院する破目(はめ)になった。仕事もできずベッドの上で「なんでこんなに俺ばかりが」と天井を眺めながら激しく落ち込んだ。こんな時に師匠やおかみさん、一門の兄弟弟子たちの有難さがいつにも増して身に染みるのである。度々の入院で落ち込む私を励まそうと入れ替わり立ち代わり見舞いに来てくれたり、あれこれ身の回りの世話をしてくれたり。喬志郎のヤツはほぼ毎日夕飯時に見舞いにやってきて私の枕もとでコンビニ弁当とデザートを食って帰って行った。こっちが病院食に辟易（へきえき）しているのに。

何度目の入院だっただろうか、高熱が数日続き連日昼夜を問わず解熱剤やら鎮痛剤やらでぼんやりしながら熱にうなされ喘（あえ）いでいた。どのくらい寝ていたのだろうか昼間なのか夜なのかもわからない。ぼーっと薄目を開けて横を見ると枕もとに師匠が立っていた。あぁ師匠がいるなぁとぼんやりした意識で見ていると、師匠はベッド脇の引き出しを開けて私の財布の中に紙幣を入れているようだった。入れていたような気がする。それをぼんやりと見ながら「あぁ俺はもう一生ここから、この人から離れられないなぁ」と思っているうちにまた意識が遠くなっていった。あれが夢だったのか現実だったのかはわからない。でも後で数えたら財布の中身は確かに増えていた。

「継続は力なり」という。あまり力になっている気はしないが噺家としてまだ継続はしている。これから先も継続だけはしていきたいと思うし、そうありたいと願っている。

さん喬師匠との出会い

ダーク広和

さん喬師匠からお電話をいただいた。

「広和さん、一門本を出すことになって、広和さんも一門みたいなものじゃない。何か書いてくれる?」

さん喬師匠は、必ず「さん」付けで呼んでくれる。

「はい、承知しました。ありがとうございます！」

安請け合いをした訳ではない。師匠からの頼みごとは断れないのだ。

厳密に言うと、私は、さん喬師匠の弟子ではなく、ダーク大和の弟子だが、大和師匠が一九九一年八月十日に他界してからは、さん喬師匠を師と仰いでいる。迷惑を顧みず、押しかけ一門だ。私が勝手に師匠と思い込んだ。

昔から思い込みが激しい。ダメ押しは、ダーク大和の二十三回忌公演で、さん喬師匠に出演いただいた時だ。

思い込みが確信になって、それ以来、敬称ではなく、師匠と呼ばせていただいている。

誰に言われた訳でもないのだが、そう決めたのは戌(いぬ)年生まれだからか、それとも内弟子環境で形成された人格なのか。すでに答えは出ているようだが、あながちそうとは限らない。

舞台の私は、人なつっこく見られがちだが、本当は思いっきり人見知りだ。その人を信用するまでに、五年以上かかる。本音を吐くまではもっとかかり、吐き始めると本音しか言わなくなるのでタチが悪い。嘘も方便も効かなくなってしまうのだ。

で、そこを緩やかに導いてくださるのが、さん喬師匠の存在だ。

偶然、大和師匠とさん喬師匠の共通点を見つけた。それは、他人のいる所で教育したり、ましてや叱ったりしないことだ（あくまでも人前では）。

さん喬師匠に教えていただいたことを一つだけ。それは、ハンガーにズボンを掛ける方法だ。

鈴本演芸場の楽屋で前座さんもいなくなる時がある。そんな時、ぼそっと、「小さん一門はね、こうやって掛けるんだよ。一般的じゃないけどね」と見せてくれた。「小さん一門はね」、これが嬉しいのなんの。

今では、自宅で家着に着替える時もそうやって掛けている。これが理にかなっていて、ポケットの小銭や鍵が落ちないのだ。もちろんズボンの掛け方だけではなく、たくさんのことを習わせていただいているが、ココでは教えてあげない。

意地悪ではなく、芸人の弟子にならないと、たぶん理解できないし、さん喬師匠だってもちろん五代目柳家小さん師匠のお弟子なのだ。そして、それを誇りにしておられる。

さん喬師匠の高座にはじめて号泣した時の記憶は、今も鮮明に残っている。それは、三十年以上も前の学校公演だった。

私は当時、人体交換をトリネタに演じていた。学校公演は出演時間が最低三十分なので、道具が多く、車で動いていた。

私がハイエースロングに道具を満載し、体育館の舞台袖に私物を取りに戻ると、高座では、さん喬師匠が演じている。これまでにも幾度かご一緒して、噺は聞いている。師匠の穏やかな語り口が好きだった。

おや？　今日は、いつもと違うネタのようだ。たいがいは学生向けに、機転の利いた子供が登場する初天神（はってんじん）を上げていた。しかし、今日の噺は、大名と町人の会話だ。

聞き慣れない噺に聞き入ってしまった。三太夫さんが、威勢のいい八五郎にいじられている。そう妾馬（めかうま）だ。親兄弟の情愛を醸（かも）し出す噺だ。それがスッと、違和感なく体に入って来たから堪らない。号泣してしまった。

誰もいない体育館の舞台袖で、涙をポロポロ流しながら誰はばかることなく、むせび泣く私。

それまでテレビ番組の笑点でネタ付けの仕事をしていた関係から、落語は機転やトンチで笑わせる芸で、会話で感動させる芸だとは露とも思っていなかった(当時、手品しか目に入らなかったので、許してください!)。

もし、私が子供時代に、手品より前に落語に出会って感動していたら、きっと噺家になっていただろう。手品とは違う芸に、心を動かされた瞬間だった。

その後、この当時の写真を探したが、見つからなかった。なにせデジタルカメラなどない時代だ。

その学校公演を請け負っていたのがタイトプランニングオフィスという会社で、この頃の写真がないか問い合わせたが、フィルムは処分されていた。

紙焼きがないか、現場マネージャーの池ヶ谷さんにも相談してみた。

「写真はないと思いますよ。さん喬師匠が『弟子がいますから、公演には弟子を使ってくれませんか』と仰(おっしゃ)るので、さん喬師匠の宣材は、整理されたのではないかと思います」

なるほど、これを聞いて諦めた。

ちなみに、私の座右の銘は「平常心」。これは、さん喬師匠の高座を見て、そう思うようになりました。

私は、もともとムラの多い性格なので、高座での平均点を上げられるように努力しています。

それに比べて、さん喬師匠はいつでもどこでもムラがない。凄いなぁ。


精神的につらいことが多い昨今、もし打ちのめされていたら、手品師に騙されたと思って、寄席に来てみてください。少しだけ心が軽くなります。

出演する方も、そう思っています。

売れっ子の噺家さんでも上手に時間を作り、寄席に出演しているのは単なる慣習ではなく、出たくなるからだと思うんです。

入門前写真館④

さん喬

小平太

小きち

さん助

十席目●噺家になる

柳亭左龍

生年月日／1970年2月15日
出身地／千葉県柏市
出囃子／俄獅子
紋／丸に三ツ柏

師匠からひと言

左龍のこと

左龍の前座名は、小太郎だった。私は、この小太郎という名前が好きだった。小太郎という名前は、当代六代目柳家小さん師匠の前座時代の名前で、私が二ツ目になる時、この名前を継がせていただきたいと師匠に頼んだら、「おう！ いいよ」と答えてくださった。

私の前座名は小稲(こいね)。この名前は、入門の許可をいただいた時、お内儀(かみ)さんが「父ちゃん！ 名前を付けておやり」と福島なまりで言ってくださり、「うん！」と答えた師匠が二階に上がり、半紙に「命名 柳家小稲」と書いて渡していただいた。私の本名は稲葉で、それになぞらえての小稲。芸者みたいな名前だと思った。

小太郎にする許可をいただいたが、翌日、師匠が「二ツ目に出世するのに、前座の名前を付けるのは、どうもなー」ということで、頂くことができず「さん喬」となったが、左龍が弟子になった時に、何がなんでも小太郎と言う名をもらって付けてやりたいと思った。前座の頃の左龍にはぴったりの良い名前で、左龍が小太郎という名前を立派に二ツ目の名前として、さん喬一門に残してくれた。

左龍は、決して過剰な愛想はつかわない。どちらかと言えば、自分の考えを押し通すほうで、それはある種の美学！　美学は「美しく学ぶ」と書くが、それにしてはチョット太り過ぎ！ これは、美学を追求しすぎた結果だ。その美学とは、グルメと酒。身体に気を付けて、小太郎と同様に左龍の名前を後世に残していってもらいたい。身体のことがちょっと心配だが、芸の心配はない。心配はもう１つ。左龍が弟子の左ん坊をとった。私には孫弟子になるが、やっていけるかしら？ いえ、私が。だって私を「大師匠」と呼ぶんですよ。

働きたくなかった

噺家になることに高尚な意志はなかった。

この世界の扉を叩いたのは、社会に適合できない自分に気が付いていたからである。

一年浪人して大学に入ったのは、十九の時であった。高校三年生の頃、受験勉強中に机で手枕をして寝ていた時、目に痛みを覚えた。目医者で診てもらったところ、虹彩炎（こうさいえん）という病気であった。原因の定かでないこの病との戦いは今も続いている。

治療は目薬が二種類で、炎症を抑える薬と虹彩を広げる薬を点眼していた。虹彩を広げる薬は本来、目の診察時に使う物で、コレを点すと虹彩が広がり、物凄く眩（まぶ）しく焦点も合わないため、字を読むのに苦労をした。字が読めないのに、受験勉強するというのは酷だった。

そんな中、大学に入れたのは、よほど運が良かったのだろう。

片道二時間半の電車を乗り継いでの大学生活が始まった。本が好きな私にとって、充実した通学時間を過ごせたのは幸いだった。

不思議だったのは落語研究会、落研（おちけん）に入ると決めていたことだった。今も理由はわからない。まともに落語を聞いたこともなかったくせに、落研の部室のドアをノックしていた。ゆるい落研の空気感が心地よかった。

先輩に連れていかれて、はじめて訪れた寄席は池袋演芸場だった。この建て替える前の池袋演芸場に通ったことが噺家になるきっかけとなった。


毎週土曜日、午前中の授業を終えると、学食でお昼をさっさと済ませ、池袋演芸場へと向かった。とにかく客が少なかった。ぼんやり座っていると、川柳（せんりゅう）師匠に「あんちゃん、落研だろ」といじられた。

先の正楽（しょうらく）師匠が、ハサミ試しを切っても誰も取りに行かないのでかわいそうだと取りに行った後、また誰も取りに行かないので再び手を伸ばしたところ、「あらら、また持っててちゃうの」と言われたこともあった。


主任が小さん師匠でも「つ離れ」していなかった。が、そんな少ないお客様の中に混じって聞いた笠碁（かさご）が凄かった。ちょうど、その頃、夕方五時から池袋南口の居酒屋でアルバイトをしていたのだが、演芸場を出てバイトの衣装に着替えるまでの間、記憶が飛んでいた。

頭の中では、郵便ポストのあるうす暗い路地に、シトシトと雨が降り続けていた。

次の年の春、池袋演芸場が取り壊しになった。

その夜、布団の中で考えた。就職活動が始まる大学三年生の春になった時、やる気があるんだったら噺家になろうと。

二年後、布団に入り、また自分に問いかけてみた。気持ちは冷めていなかった。よし、やってみるかと決意を固めた。

弟子入り

その当時、小さん師匠はもう弟子を取っていなかった。ひどく落胆したが、寄席に通っているうちに、後に師匠となる、さん喬のたちきりを聞いて入門を決めた。

今では考えられないが、あの頃は芸能人の住所は、大きな図書館に行けば調べられるようになっていた。意を決して師匠の家のインターフォンを押した。何度か伺ううちに、弟子になることが許された。

平成五年三月二十一日から、師匠の家へ通うようになった。師匠の元には、もうすぐ二ツ目になる一番弟子のさん坊（現・喬太郎）兄（あに）さんがいた。大変厳しく、ご指導いただいた。

弟子は朝八時に師匠宅に伺うのだが、さん坊兄さんは、ほぼ毎日遅刻していた。そしてほぼ二日酔いだった。師匠とおかみさんはゆっくりと起きてくるので、バレることはなかった（まぁ、本当は師匠もおかみさんも知ってはいたのだろうが）。

ある時、師匠から「前座のうちに彼女なんか作るな」と言われた。しばらくして師匠から「いいか、さん坊は失恋して落ち込んでいるから、そっとしておいてやれ」と言われた。噺家の矛盾と、さん坊兄さんの二日酔いの訳に気づいた瞬間だった。

ちょうどその頃、小三治（こさんじ）師匠のところにも弟子入りがあり、師匠が小三治師匠に電話でお願いをして、二人の履歴書を重ねて提出することとなった。

小三治師匠のお弟子さんの書類が上で、下が私だった。これで、まったくの同期ながら三三（さんざ）→左龍の香盤（こうばん）順が決まった。

三月の終わりに、大師匠小さんの元へ行くことになった。二ツ目が決まったさん坊兄さんと私の入門の挨拶だった。

道中の車の中で、さん坊改め「喬太郎」、私は「小太郎」をいただけたら、との方針で決まった。

喬太郎に改名するのは良かったのだが、小太郎が問題だった。何度か、師匠さん喬がいただきたいとお願いしたのだが、大師匠は首を縦に振ってくれなかった。

恐る恐る「こいつに小太郎を……」とお願いをすると、大師匠はジーッとこちらを見つめ、「いいよ」と言ってくれた。

この日から、私は柳家小太郎となった。


四月に入り、池袋芸術劇場でのさん喬・権太楼（ごんたろう）二人会に付いて行った。会が終わると、師匠はさん坊兄さんに「これで小太郎と飯でも食べて帰りな」とお金を渡した。

二人で池袋西口の養老乃瀧（ようろうのたき）へ入った。緊張感が漂う中、飲んでいた私たちに、店員さんが「ラストオーダーですが」と通告してきた。

「じゃ、養老ビールを五本！」

さん坊兄さんがそう言った瞬間、私は「いや兄さん、そんなには飲めません」と言った。

「大丈夫!!」

さん坊兄さんは、力強く答えた。

店を出るまでの三十分弱の間に、養老ビールは兄弟子のお腹にすべて吸い込まれていった。この時、はじめて兄弟子を尊敬した。

この当時、とにかく入門志願者が少なかった。

見習いの時、師匠のお供で浅草演芸ホールについて行った時、私を見た久蔵(きゅうぞう)兄さんが歓喜の声を上げていた。半年間、誰も後輩が入ってこないので、ずっと一番下のままだと悲観していたらしい。

五月上席から、扇辰(せんたつ)、喬太郎、彦いちの三人が二ツ目昇進すると、前座は十一人となる。手薄な楽屋事情を受け、私と小三治師匠のお弟子さんの小多け(こたけ)(現・三三)さんは、見習いもそこそこに、すぐ前座となることが決まった。

前座

平成五年五月一日、三人の二ツ目昇進と入れ替わるように前座となった。鈴本演芸場の夜席だった。

緊張しながら早めに楽屋入りすると、背の高い純朴そうな青年がいた。同期の小多けさんだった。当時、二十三歳の私から見ると、ひょろっとした風貌からか、何だか子供っぽく感じられた。

新人前座にいろいろと指導してくれるのは、すぐ上の楽屋の先輩で、馬頭（現・獅堂）兄さんだった。今も昔も変わらないこの兄さんのご指導を三日で見限り、ほかの先輩を頼ることにした（今も大好きな先輩であることに変わりがないことを、ここに追記しておきたい）。

同じ日に、喬太郎兄さんも鈴本演芸場の夜席で二ツ目デビューとなった。主任は、権太楼師匠であった。この三年後の五月一日に、二ツ目に昇進するのだが、噺家の節目、節目にお世話になる権太楼師匠とのご縁は、この日から始まったと言ってよい。

この頃の前座の顔付けは、一平（現・三平）↓金八↓鈴之助↓菊之丞↓小田原丈（現・丈二）↓金太（現・金也）↓歌せん（廃業）↓亀蔵（現・圓十郎）↓はたご（現・白酒）↓すい平（廃業）↓馬頭↓久蔵↓小多け↓小太郎であった。

実家から師匠宅へ伺い、寄席の前座を務める生活の中で、ひと月に体重が十キロ以上減った。

朝六時に起床して満員電車に乗り、師匠宅へ伺い寄席に行き、夜の十一時に帰宅して寝るという生活はかなりきつかった。常に怒られ、注意されながら過ごす緊張感のある生活に心が折れそうなことが何度もあった。

駅を降りて師匠宅を見上げると、足がすくんだ。頬がこけ、がぼっと落ち込んだ眼になった私を見た友人が、癌になったのかと心配したほどだった。

深く考えることを止めて、流れに身を任せた。それでも、明日辞めよう明日こそ辞めてやろうと常に思っていた。

六月六日、鈴本演芸場の夜席ではじめて落語を喋った。その日の昼間、師匠に道灌（どうかん）を聞いていただき、許しを得ていた。

夜席が始まろうとする時、鈴之助兄さんが「小太郎は上がれるの（落語を話せるの）？」と聞いてきた。

「今日、上がった（許可を得た）んですが」と言うと、「じゃあ上がって」と急遽決まった。

道灌は三十分弱の話で、高座に上がるまでの六〜七分の間にどこを削って十五分にするか必死に考えた。

出囃子（でばやし）が鳴り、高座に座ってお辞儀をした。顔を上げると、下から照らすライトがやたらと眩しかったのを今でも覚えている。なんとなく初高座は終わった。

しばらくすると、楽屋の入り口をノックする音が聞こえた。開けてみると、大学の落研の同期と後輩が立っていた。実は噺家になることは、親と親友にしか告げていなかった。落研の後輩は、私に似た人が前座にいると思い、同期の仲間を連れて確かめにきたとのことだった。

驚いた表情の二人に、今日が初高座だったと告げると嬉しそうに客席へ戻って行った。

やがて、権太楼師匠のところに、太一（たいち）（現・甚語楼（じんごろう））さんが入門してきた。仙一（せんいち）（現・仙志郎（せんしろう））→ぐん丈（じょう）（現・ガッポリ建設、小堀敏夫）→わたし（現・馬石（ばせき））と続き、十一月には我が一門にさん市、現在の喬之助がやってきた。

二ツ目昇進した喬太郎兄さんは半年間、師匠のお宅へお礼奉公する予定だったが、諸事情により七月の終わりにはもう来なくなっていた。

これから三年ほどの間、喬之助と二人での修業が始まった。

小太郎とさん市

「同じ釜の飯を食う」という言葉の意味が十分にわかる三年間であった。

どれほど喬之助に助けられたかしれない。いつか辞めてやろうと思っている私は、乱暴なところが多かった。私のことで先輩方にいろいろと謝っていたらしい。申し訳ない限りである。

二人とも寄席が夜席だと、朝飯だけでなく、昼も一緒に食べていた。夏になるとカキ氷機があったので、二人で毎日のようにガリガリやっていた。

シロップがなくなると、戦端の火ぶたが切られた。イチゴ派の私と、メロン派の喬之助にとって譲れない戦いであった。戦が過酷を極めると、おかみさんの仲裁が入り、シロップを両方買うこととなった。戦の被害は、師匠の懐にまで及んだ。

厳しさの中でも、このようなふざけたやり取りもあったおかげで、自棄にならずに続いたのかもしれない。喬之助とは実の兄弟みたいな感覚さえある。

喬之助はこの後、二度の大手術を経験するが、二度とも私が見舞いに行った時に麻酔から目を覚ました。これも何かの因縁だとしか思われない。

一度目は横浜にぎわい座で倒れ、救急車で病院に運ばれて、そのまま手術となった。翌日、見舞いに行くと、すーっと目を覚ました喬之助が「ここはどこなの？　最寄り駅はどこ？」と聞いてきた。

「黄金町（こがねちょう）が一番近いよ」と言うと「……いいところだね」と軽くほほ笑んだ。

いくら疲れていても、師匠宅で仮眠をとるなんてことは憚（はばか）られた。前座は、師匠のお宅でも寄席でも、常に働いていなければならないと教えられてきたからだ。

さん坊兄さんは、二日酔いの日は「小太郎、頼む」と言って、師匠とおかみさんが起きてくるまで寝ていた。喬之助は師匠がいようが、おかみさんがいようが立ってでも寝ていた。

ある時、喬之助が師匠宅の居間で大の字になって寝ていたところ、それを起こさないようにそーっとおかみさんが喬之助の昼御飯を作っていたことがあったそうだ。この時、我が一門に時代の転換期が訪れた。

喬之助が革命を起こしたのである！

前座仲間

前座時代の仲間は、特別である。

たとえその時期に揉めていたことがあったとしても、戦友として昇華されるからだ。

ふた月に一度開催されていたさん喬・権太楼二人会で会う両師匠の弟子の上三人は、従弟(いとこ)のような感覚さえあった。ピリピリした楽屋を包む空気感は、今思い返しただけでも下腹が痛くなってくる。

このような過酷な環境を打破するかのように、中野で「さん喬・権太楼弟子の会」までやったことがあった。この時、全員が白短パン、白Tシャツでオープニングセレモニーを行ったが、これが後の我が一門の落語体操の原点となったと言ってよい。

メンバーの中の一人が落語芸術協会に行ってしまったが、とても良い思い出となった。

前座の寄席の顔付けは、落語協会の事務局が行う。トリを務める師匠の一門の前座がいれば、その席に顔付けされる。

大師匠の小さんがトリをとると、私がその席に顔付けされることが多かった。二度ほど、国立演芸場の大師匠の芝居に入った。二度とも、亀蔵、小太郎の二人だった。

亀蔵兄さんは前座の頃、師匠の夜のお店のお手伝いをしていて、常に眠そうだった。国立演芸場の楽屋には風呂場があり、亀蔵兄さんは毎日ひとっぷろ浴びてから働いていた。

ある時、開演前に「二番太鼓の時間です。お願いします」と国立演芸場のスタッフさんに言われた。二番太鼓は本当は笛も入り、三人で行う。大体は前座が二人で、大きな太鼓と締め太鼓を掛け合いで叩く。

亀蔵兄さんが入浴中なので、仕方なく一人で太鼓を叩いていると、楽屋から三増紋也（みますもんや）師匠がやって来て、一緒に叩いてくださった。おだやかな良い師匠だった。

終演後、「おう、行くぞ」と大師匠に誘われて、度々国立演芸場の近くの中華屋さんへ行った。

ご存知の方も多いかと思うが、大師匠にご馳走になるということは、一番過酷な人生の修業と言ってもよい。我々が食べるその料理の数々は、フードファイターの番組ができるほどの量の多さだからだ。

時折、大師匠の車の運転手をやっていた喬之助は、それがために一度体調を崩したほどだ。

ところが、この亀蔵兄さんがよく食べた。今でも百キロを優に超える体に、山のように積まれた中華料理が次々と吸い込まれて行く。その様子に、大師匠の顔から笑みがこぼれていた。私は、この兄さんと一緒の芝居で良かったと安堵のため息がこぼれた。

先日、亀蔵兄さんが体調を崩されたが、大事に至らず無事であった。これからも体に気をつけていただきたいと願ってやまない。

ある時、池袋演芸場の夜席に行く前に、用事があって落語協会の事務所に行った。

その日は二ツ目勉強会の日で、事務局からも必ず一人楽屋に行くことになっていた。「荷物があってタクシーで行くから、一緒に乗ってけば?」と言われ、同乗させていただいた。

夕方、上野から池袋へ向かう道は、いたるところで渋滞していた。六時二十分に前座が高座に上がるのだが、楽屋に到着したのは、六時十分だった。

急いで着替えて楽屋を見渡すと、指導役の志ん朝師匠の姿が見えなかった。

どうしたんだろうと、楽屋から高座へと向かう扉を開けると、長バチを抱えた志ん朝師匠が階段にうつむいて座っていた。

「おはようございます」

私が挨拶すると、静かに頷いた志ん朝師匠は、大きな太鼓の前に座った。

「よ、よろしくお願いします」

私が言うやいなや、志ん朝師匠がカラっカラっと太鼓を叩き始めた。

緊張と嬉しさが入り混じりながらバチを振り続けるうちに、二番太鼓が終わった。

「ありがとうございました」

私が礼を述べると、志ん朝師匠は、

「前座さん、七分ね！」

私はきっちり七分で高座を下りてきた。本当にいい師匠だった。

二ツ目昇進

前座になったその年の九月、池袋演芸場が再開した。

定席が増えたおかげで、寄席の前座も、場合によっては二人で楽屋を回すことがあった。

幸い、その後、弟子入りも増えて、安定して寄席の前座を皆で務めていた。

その人数に拘（かか）わらず、半年に一回、先輩方の二ツ目昇進が決まっていった。

平成五年の五月に楽屋入りしたその翌年の六月、もう立前座（たてぜんざ）として働いていた。それを見た喬太郎兄さんが「大丈夫か？」と心配していたほどだった。

上が抜け、下が入ってくるその繰り返しを見ているうち、いよいよ自分の二ツ目昇進が決まった。小多けさんと二人で、とのことだった。

嬉しかった。師匠から昇進決定の連絡が来た時、電話を切った後、その場で、

「よっしゃー！」

と叫んだ。名前もそのままで行くことに決まった。

師匠と一緒に、大師匠のところへご挨拶に行った。

入門の挨拶の時は、居間で正座をしていたが、この時はテーブルに座って一緒にお茶をいただいた。大師匠が淹れてくださった緑茶をすすりながら、いろいろな話をした。

大師匠は、先年病で倒れられて、復帰してしばらくの頃であった。

大師匠の娘さんが「お父さんの噺も病気の後、なんだかねぇ」と言うと、大師匠は「いいんだ、噺ってぇのは、そのままやりゃあいいんだ。みんな変にいじくるから、面白くなくなるんだ」と返した。

これを聞いたとたん、横っ面を張り倒されたような気がした。その噺が持っている良さ、面白さを引き出すことが我々の仕事なのかもしれない。そう受け取った。

目白のお宅でのこの光景は、今でも心に深く刻み込まれている。

そして、この一言が噺家としての今の自分の支えとなっていることに間違いはない。

二ツ目の初日を迎えた。

平成八年五月一日、鈴本演芸場の昼席。ゴールデンウイークの真っただ中、客席はほぼ満員。

はじめて自分の出囃子が鳴る。合わせる太鼓も軽やかだ。

深く呼吸をして、高座の袖から上がる。座布団に座って頭を下げる。羽織紐（はおりひも）を解く手がガタガタと震えていた。

噺家になったんだなぁ、と感慨に包まれた瞬間だった。

入門前写真館⑤

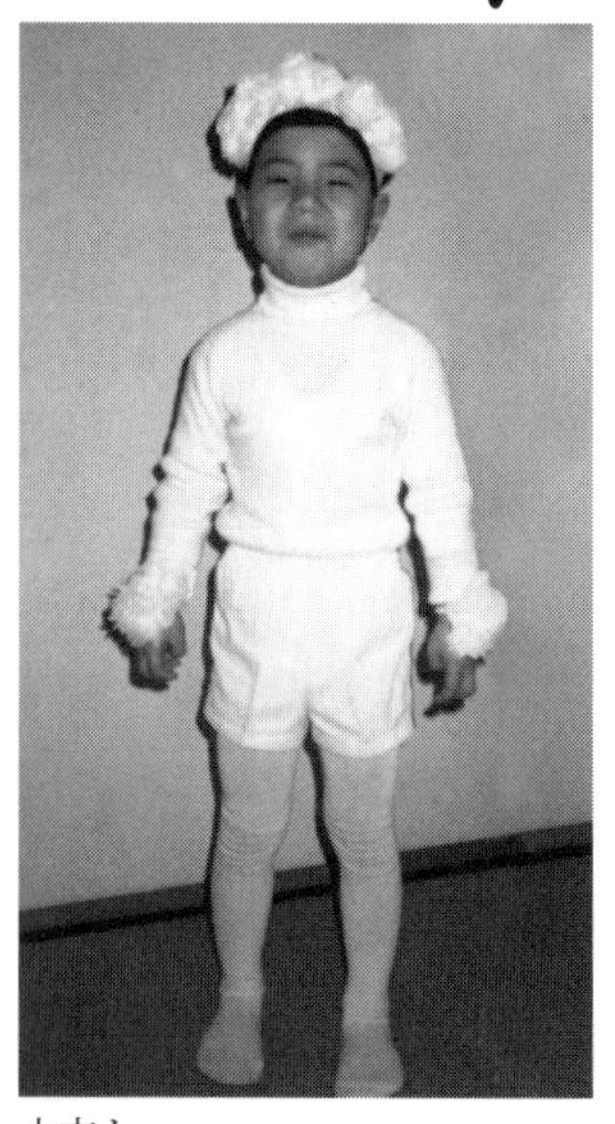

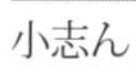
小志ん

㐂三郎

さん助

やなぎ

十二席目●入門日記銀座篇

柳家喬太郎

生年月日／1963年11月30日
出身地／東京都世田谷区
出囃子／まかしょ
紋／丸に三ツ柏

師匠からひと言

喬太郎のこと

私にとって一番最初の弟子だ。その前にも二、三の志願者がいらしたが、弟子にするという気持ちにならず、縁がなかったのだと思う。喬太郎を弟子に取って、改めてこの人の人生を預かるのだと考えた時、ちょっと不安だった。こんな私が一人の人間を育てる自信などあろうはずもなく、その能力もない。だが、自分が師匠の五代目柳家小さんから学んだことや、先輩から教えていただいたことを喬太郎に伝えていくことが、私の考えたことを無理矢理押し付けて教えていくより確実に育てることになるのだろうと思った。

自分が改めて師匠の所へ弟子入りしたつもりになり、一緒に修業をするつもりで育っていけたらと思ったが、そう素直にはいかなかった。そこには師匠としての意地や、気取りもあったと思う。

喬太郎を、いやまだ本名の小原君を師匠小さんの所へ連れて行き、弟子入りの挨拶をして「柳家さんぽ、という芸名にしたいと思います」と言うと、師匠は既に名前を考えてくださっていたのか、即座に「さん坊だ！」と言ってくださった。師匠が私の弟子に心を向けていただいていたと思うと、師匠の温かい気遣いを心から有り難いと思った。

喬太郎が二ツ目になる時、八代目の古今亭志ん馬師匠が私に「さん坊さんは、一門の長男だよね。それなら喬太郎だね！」と言ってくれた。私もそう考えていたが、志ん馬師匠に先を越された。てなことで、私は喬太郎に名前を付けていない。喬太郎は、その才能を余すことなく発揮して、今最も人気のある噺家になった。私は喬太郎の何の力にはなっていないが、喬太郎は必ず私を立ててくれる。ひょっとして私に何か後ろ暗いことがあるのかしら……。

庶民的な割烹と言うべきか、上等な居酒屋と言うべきか。銀座二丁目、伊東屋とＪＲＡの場外馬券場の間あたりに、その店はあった。

「こんちはっ」

せわしなく入ってきた若者に、「おぅ」と店長が声を掛けた。

「日替わり、残ってます？」

「こんな時間に残ってる訳ないだろー」

昼食のピークは過ぎかけている。いつも早々に売り切れる、人気の日替わり定食が残っている訳はなかった。

「じゃあ、すき焼きください！」

できれば昼食は五百円以下に抑えたいが、安月給の新入社員は九百五十円を奮発した。そもそもこの店に五百円のランチなど無い。それを承知で、たまの贅沢に訪れたのだった。手際よく仕込まれているすき焼き定食は、ほどなく出てきた。この店と若者の職場は徒歩十分ほどの距離があり、のんびり食べている余裕はない。カウンターの端の席で、若者はそそくさと食事を始めた。

「そういえば、来月の番組決まったぞ」

片付けの手を休め、店長が若者に話しかけてきた。

「え、本当っスか？　教えてもらっていいスか」

肉は最後に取っておくというういじましい食べ方をしながら、若者が答える。

「来月な……」

店長は意味ありげに目を細めると、

「さん喬師匠、来るぞ」

「えっ」

焼き豆腐をはさんだ若者の箸が、ピタリと止まった。

「マジっすか？」


学生時代の二年間、若者はこの店でアルバイトをしていた。

昼は一応授業があるから、ランチタイムは働けない。夜の居酒屋タイムに勤めていた。

定休日は日曜、祝日。祝日が無ければ月曜から土曜まで週六日の営業で、若者はその内の五日間、出勤していた。

休みの曜日を決めていた訳ではなく、用事がある時に休みを貰っていた。特に用事がない週は、バイトの手が足りている日に休んだ。

しかし、余程の用事がない限り、土曜日には極力出勤していた。週末は店が忙しいから……という理由ではない。

毎週土曜日、この店では寄席を開催していたからである。

若者は、大学で落語研究会に所属していた。他にも好きな事があるにはあったが、学生時代は落語に、落研にのめり込んでいた。バイトしながら落語が聴ける、若者にとってはまたとないアルバイトだった。

週末の落語会の番組は、落語が三席だった。

店を開けるのが午後五時、寄席の開演は午後七時。寄席が始まるまでにお客様には酔いすぎない程度にお酒を楽しんで頂き、注文も済ませてもらう。

開演中の追加注文はご遠慮頂き、私語があったら店員がやんわりと注意する。前座、二ツ目と若手の噺家さんが二席続いて、お仲入り。ここで追加の注文が入るから、どうしても仲入りは長くなる。

なんとか落ち着いたところで真打の師匠が登場、またじっくりとお楽しみ頂く。つまり開演中はホールの店員には殆(ほとん)ど仕事がなく、お客様と一緒に落語を楽しむ事ができる。おまけにその間も時給は発生しているから、若者にとっては一石二鳥のバイトであった。

「良かったら遊びに来ればいいいよ」

「来たいなぁ、来たいですねぇ、さん喬師匠ですもんねぇ……」

焼き豆腐を口に運ぶのも忘れ、若者は呟き続けた。

「うーん、来られるかなぁ、シフトどうなってたかなぁ、でもさん喬師匠だからなぁ……」

「ま、仕事と相談しろや」

店長が仕事に戻ると、若者は我に返った。

「いっけね、急いで食わなきゃ」

時計とにらめっこしながら、若者は慌ただしく箸を動かし始めた。


中堅どころの書店チェーンの、銀座八丁目の店舗が若者の職場だった。

勤務中のかなりの時間が棚の整理に費やされるのは、雑誌の担当だからである。文芸書やビジネス書、文庫等、書籍の棚も乱れはするが、雑誌の棚の比ではない。

平積みの売れ筋が減ってくれれば、ストックから補充もしなければならない。見易く工夫したつもりの面出しの並びもあっという間に崩れるし、乱暴に戻されれば表紙も破れる。

返本期限が過ぎれば不良在庫になるから、雑誌コードにも気をつけなければならない。

棚差しのムックのシリーズには常備扱いのものもあるので、多くはないがスリップでチェックする必要もある。レジが混み始めれば手伝うのは、どの担当も共通の仕事。もちろん雑誌以外の担当も分野ごとに山ほど仕事があり、書店の仕事もなかなかに忙しい。

取次を通して入荷する雑誌の部数は、歴代の先輩担当者の定期改正で、おおよその数は決まっている。発行部数の多い雑誌はそれなりの量が入ってくるし、専門誌やマニアックな雑誌は入荷も少ない。とはいえ、日々、数え切れないほどの雑誌が発行されている。山積みの梱包の検品が、出社してまず最初の仕事であった。

「戻りましたー」

若者はギリギリで店に戻った。

「休憩入りまーす」

次の休憩シフトの女子社員がレジから出る。入れ替わりに若者がレジに入った。

書籍にカバーをかけ、雑誌を紙袋に入れ、レジを打ち、お客様のお問い合わせには棚をご案内する。手際悪くも午後の業務をこなしながら、若者は心の片隅で、別の事を考えていた。

「そうかぁ……来月、さん喬師匠かぁ……」

学生時代、銀座二丁目のバイトの土曜日、寄席出演に訪れた前座さんに、話しかけられる事がときどきあった。

「兄(あん)ちゃん、落研なんだって？」

「はい、そうです」

「噺家になんないの？」

「いやいや、なんないっス。なんないっス」

実際、噺家になるつもりはなかった。

落語が好きで仕方なくて、自分でも演じてみたくて、落研に入った。上下関係の厳しい、体育会系の落研だったが、拙い学生落語を演じ、仲間とバカをやる日々は、留年するほど楽しかった。

だからこそ、本職になる気はなかった。

好きすぎて、畏れ多かった。落語を演じて収入を得て、それで生活していくなんて、それら恐ろしくて、とても考えられなかった。

本職の高座に座って、落語を演じている人達は、向こう側の人達。

あの人達は、特別な人達。

落語は、一生趣味にしていこうと決めていた。

「もしもし、恐れ入ります、注文をお願いしたいんですが……」

書籍と違って、雑誌で追加注文を打つ機会は、そう多くはない。バックナンバーを揃えているプロ向けの料理雑誌やシリーズ物のムック等は、常備のスリップで回している。

若者は、完全に個人的な趣味から、決して売れ筋とは言い難いマニアックな雑誌を、独断で追加注文すべく、出版社に電話をかけていた。

「はい、九冊。九冊追加でお願いします」

その雑誌は、本来季刊であった筈が、その頃の発行ペースは、年一度ほどになっていた。落語の専門誌であった。学生時代、若者はその雑誌にイラストを投稿して、掲載された事もあり、いつも発売を心待ちにしていた。

「それでですね、ご相談なんですが、長めに置かせて頂きたいので、返品期間をちょっとご考慮願えるとありがたいんですが……」

久し振りに発行されたその雑誌は、取次から一冊だけ配本されてきた。完全に落語ファン向けの内容で、一般向けではないのだから、この配本数は、適正と言えた。

しかし若者は雑誌担当の権限から、九冊の追加注文を出し、合計十冊にして店頭に並べてしまおうと決めた。

「ありがとうございます。では番線をお伝えします」

数日後、九冊の落語雑誌が入荷された。若者は、元の一冊を加えて十冊とし、そこそこ良い場所に平積みした。そして一冊は自分が買った。追加注文分の九冊が、ちょっと誇らしげに店頭に並んだ。


「いえ、なんないですよ。本当に落語家にはなんないですから」

学生時代のバイトの土曜日、若者が否定しても、当時の前座さん達は、からかい半分に相変わらず、若者をかまってくれていた。

「でも兄ちゃん、落研の大会で賞とったんだろ？　なんか新作で」

「ええ、まぁ……」

テレビ局主催の大会と、ラジオ局主催の大会で、若者は、自作の落語で賞を貰った。青臭い新作だったが、自作で受賞できたのが殊の外嬉しかった。八〇年代、数年後にはバブル期に突入しようという時代に、落語が好きだという青春は、ダサいと一笑に付されるものでしかなかったが、自分で拵えた落語で賞を貰えたのが、なんだか認められたような気がした。

若者の心に少しだけ、落語家になりたいかも……という気持ちが、実は少しだけ芽生えていた。

しかし、落語と落語家に対する畏敬の念のほうがはるかに強く、前座さん達のちょっかいには、依然として入門を否定し続けた。

「無理です無理です、怖くってプロになんかなれませんよ」

「わかった、わかったよ。わかったけどさ、仮に、仮にだよ。仮に入門するとしたら、誰んとこに行きたい？」

「……仮にですか……？」

「そうそう、あくまでも仮定の話」

「……ん……」

若者はちょっと考えて、

「さん喬師匠……ですねぇ……」

素直に答えた。

「いいねぇ！　さん喬兄さんかぁ、まだ弟子いないしなぁ、一番弟子だなぁ」

「いや、ならないですよ」

「わかってる、わかってるって」

後から知った話だが、銀座の店でバイトしてる落研の兄ちゃんが、さん喬師匠の所に入門したがってるらしい……という噂は、あっという間に楽屋に広まったらしい。

一人だけ、他の人とは違う事を言う前座さんがいた。

「駄目だよ、噺家になろうなんて思っちゃ」

「はぁ」

その前座さんは悪戯っぽく笑うと、

「君はネタが作れるんだから、放送作家になりなさい」

「放送作家ですか？」

考えた事もなかった。若者が面喰らっていると、その前座さんは、

「そう。それで、僕らに仕事を回しなさい」

本気とも冗談ともつかない口調で、そう言った。


店中を満たした拍手が鳴り止むと、店内にざわめきが戻った。オーダーストップの時間が終わり、店員が料理やドリンクを忙しく運び始める。ふぅ……とひとつ至福の吐息をつくと、若者は、ぬるくなった生ビールをぐびりと飲んだ。

土曜日、早番のシフトの勤務を終え、若者は、元のバイト先の寄席に来ていた。うっとりと幸せなほろ酔いは、今日ばかりはアルコールのせいではなく、いま聴いたばかりのさ

ん喬師匠の一席によるものだった。

「ラスト回ってー」

賑わいの中、店長がバイト達に声をかける。はーいと答えて、着物姿のアルバイトの女の子達が、客席を回ってラストオーダーをとり始める。締めにお茶漬けや雑炊を頼む客もいれば、もう一品の肴を注文する客もいる。寄席が終われば帰る客もいるから、レジも忙しくなってくる。店内は、今日の営業の忙しさの、最後のピークを迎えていた。

客席を順に回っていた女の子の一人が、若者の所にやって来ると、

「ラストどうする？」

と訊いた。口調が多少ぞんざいなのは、別に失礼な訳ではなく、元のバイト仲間の気易さからだった。

「あ、じゃあ俺、生」

もう一杯、生ビールを頼んだ。

店内には、この店のオーナーの姿もあった。数店の店舗を経営している本社の社長は落語が好きで、余程の用がない限り、土曜日には銀座の店で、寄席を楽しんでいた。

とあるグループが帰った後のテーブルが、手早く片付けられると、箸と取り皿が並べられた。この時間から新規の客が入る訳ではない。今日の出演者に一席設けるためである。

食事をせずにすぐに帰る師匠方もいるが、さん喬師匠の一行は、どうやら残るらしかった。

うわ、同じ店内で、さん喬師匠、飲むんだ……。

若者は緊張したが、帰ろうとはしなかった。興味本位で居残っていた訳ではなく、バイト時代と同じように、閉店した後で板前さん達と軽くビールを飲んで、充実した今日を締め括りたかったのである。

ほどなく、私服に着替えたさん喬師匠と、その日の二ツ目さん、前座さんが姿を現した。

いやいや師匠お疲れ様……と、社長が満面の笑みで席に招く。

さん喬師匠はまだ三十代後半の若手真打で、落ち着いた風情の中に、爽やかさがあった。

それに比べて若者は、入社一年目の二十代前半ながら、とうにフレッシュさは失われていた。仕事のせいではない。そもそもがフレッシュな男ではなかった。

「おーい、ちょっとお前、こっち来いよ」

「はいっ！」

社長に呼ばれて、若者は弾かれたように返事をした。なんとなく覚悟をしてはいたが、実際に呼ばれるとギクッとする。

生ビールのジョッキを持って、社長の席に移動した。

「師匠、こいつも一緒にいいかな」

「えぇ、もちろん」

さん喬師匠は柔らかく微笑んだ。

失礼します、ときちんと挨拶できたかどうか。憧れの師匠と同席できた喜びより、緊張の方がはるかに強かった。

呑んべぇの師匠方だと、閉店時間が過ぎても居残って飲んでおられる方もいる。バイト時代に何度かその状況は経験していた。しかし、さん喬師匠は、お酒はたしなむ程度らしく、閉店の頃にはご一行と一緒に帰って行かれた。ご一緒できたのは、せいぜい小一時間ほどであったろう。

寄席を楽しんだ至福の時間の後に訪れた、新たな至福の時間ではあったが、のちに振返ってみて、若者は、その間の会話を殆ど覚えていない。

唯一記憶にあるのは、社長と師匠の短いやりとり。

「ハハハ……ねぇ師匠、こいつもねぇ、師匠に入門したいなんて言ってたくせに、サラリーマンになっちゃって……」

「いやいや社長、彼は彼で自分の道を選んだんですから」

この会話だけであった。

噺家になるのを諦めて、就職した訳ではなかった。

書店員という仕事は、なりたくてなった職業だった。

仕事を覚え、金を貯めて、遠い将来、多少わがままな品揃えの、小さな自分の店を持つのが、夢だった。

だから若者は、夢に向かっての第一歩を踏み出し、歩き始めていたのだった。

しかし胸の奥で、もう一つの夢の残り火が、まだ燻っている事を、若者はぼんやりと自覚していた。


入社して一年が経とうとしていた。

追加注文で九冊仕入れた落語雑誌は、場所を変えながら平積みを続けた。版元との交渉で返品期限の心配はなかったが、日々、次々と発売される他の商品との兼ね合いもあり、さすがにそういつまでも置いておけるものでもなく、結局、九冊返品した。

入社二年目の春が訪れた。新入社員の後輩も入って来て、担当の配置換えがあった。

若者は、実用書の担当になった。

医学、料理、地図、ガイド、趣味、冠婚葬祭等、リアルな生活の匂いに溢れている書籍達を扱うのは、楽しかった。

文芸やビジネス書、文庫ほどの派手な動きはないものの、実用書にも地味ながらのベストセラーというものがあり、その頃の売れ筋の一冊に『円龍の下町人情味処』があった。三遊亭円龍（さんゆうていえんりゅう）師匠が著した下町のグルメガイド本で、新書サイズのその本は、派手さはないが、細く長くよく売れた。さん喬師匠のご実家、キッチンイナバも取り上げられていた。常備で回している将棋の入門書に、柳家さん助師匠が監修している一冊があった。さん助師匠の名前を打ち出している訳ではなく、奥付にひっそり記されているだけの、潔い書籍だった。

落語がブームになるなどという事は、とても考えられないその頃にも、探せば身の回りに落語の匂いが、確実にあった。

入社して一年半。若者は辞表を提出した。

辞表は思いの外すんなりと受理された。

思うところがあり、アルバイト生活に入った。貯金も増やしておきたかった。

会社を辞めて一年後。

入門が叶った。

若者は、柳家さん喬の弟子になれた。

師匠のお宅に通い始めて数日後、師匠は、若者を大師匠のお宅に連れていって下さった。師匠は若者の芸名を考えて下さっていた。師匠のその原案に、大師匠がちょっと工夫を加えて下さった。

若者は、柳家さん坊になった。

楽屋入りしてからのさん坊は、前座の先輩にいろいろと教わりながら、日々あたふたと働いた。

師匠方にお茶を出し、着替えを手伝い、着物をたたみ、高座返しをして、その他諸々の雑用にかけずり回る。合間合間に、入門後初めてお目にかかった師匠方に、立前座の兄(あに)さんが紹介をしてくれる。

「新前座を紹介させて頂きます。さん喬師匠のところに入りました、さん坊でございます」

「さん坊と申します。よろしくお願い致します」

師匠方の反応はさまざまだ。

黙ってただ頷く方、短くただ一言「おぅ」とだけおっしゃる方、「頑張んなよ」と笑顔を向けて下さる方、「辞めるなら今のうちだぞ」と冗談めかして答えて下さる方。

紹介されるたびに緊張し、紹介されるたびに面映ゆく、紹介されるたびに嬉しかった。

さん喬師匠のところのさん坊である事が、さん喬を「ウチの師匠」と呼べる事が、誇らしかった。

さん坊の前座修業が始まって、しばらく経ったある日の事。

その日の立前座の兄さんが、楽屋入りしたとある二ツ目の兄さんに、いつものように、さん坊を紹介してくれた。

「兄さん、新前座の紹介です。さん喬師匠のところに入りました、さん坊です」

さん坊も、いつものように頭を下げた。

「さん坊でございます。よろしくお願い致します」

その二ツ目の兄さんは、愛嬌たっぷりの大きな目で、さん坊の顔を見つめると、

「俺、言っただろう？　放送作家になんなさいって」

悪戯っぽく、笑いかけてくれた。

一門色紙・全員集合

誰が書いたかわかるかな？

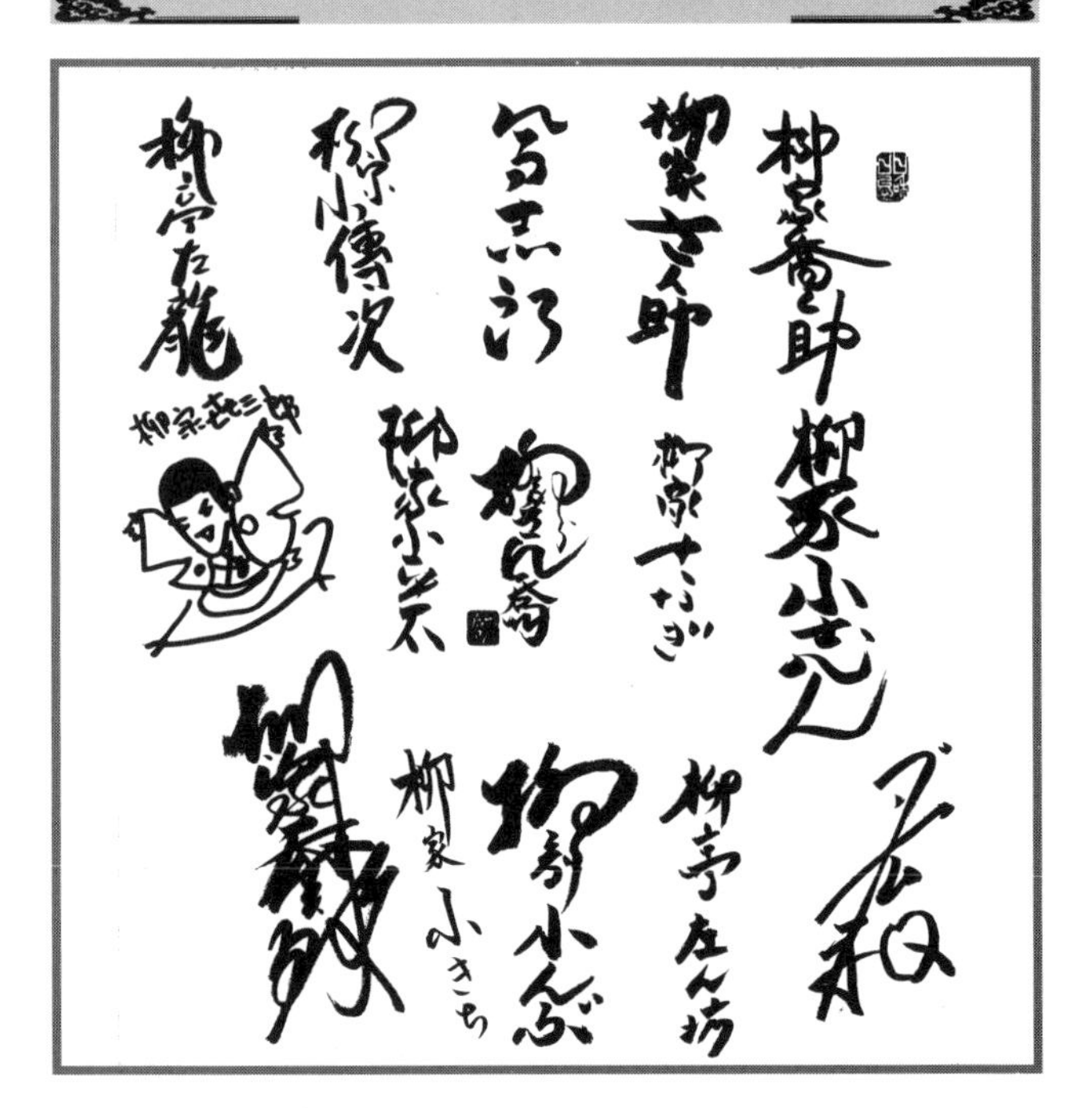

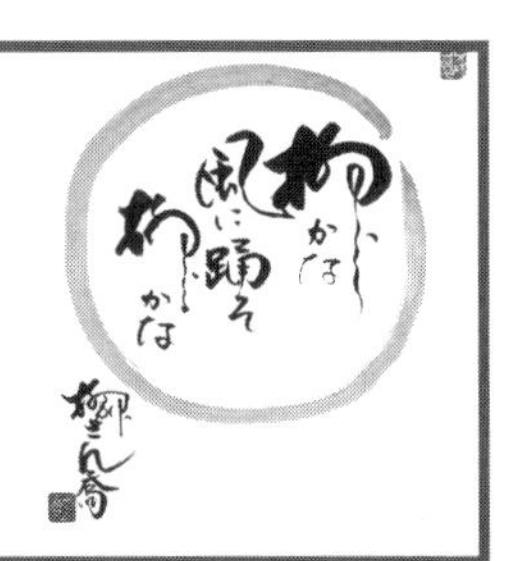

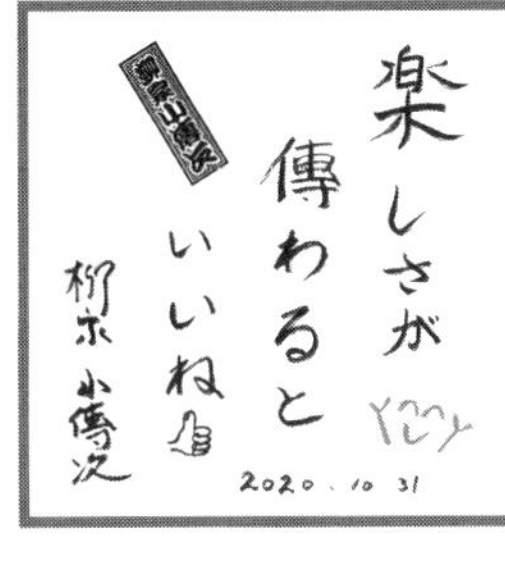

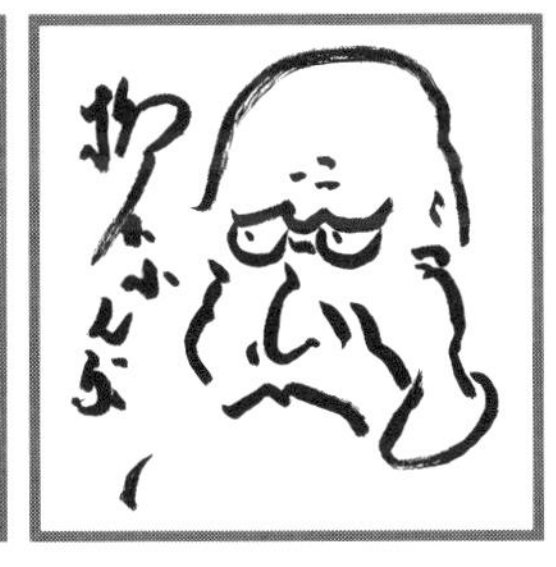

さん喬門下
柳家 小さち

左龍門下
柳亭左ん坊

おわりに

おしまいまで読んでいただき、有り難うございます。

弟子を取るのは師匠への恩返しと思って、何人もの弟子を取りましたが、本当に恩返しになっているのでしょうか。皆の物語を読んでみると、入門の時はそれぞれ決断を持つのに時間がかかったり、思惑を持ったりしたのでしょうが、私のように何かの弾みで噺家になってしまい、一瞬にして自分の人生を決めてしまう者も大勢いるのでしょう。そこには後悔などはないのでしょうか。

「明日は巧くなる、来年は売れっ子になる、十年後を見てろ、何時かは名人！　でも今月も仕事がない！」

こんなことを繰り返して喘いで溺れて、怠惰な世界に沈んで行くのかもしれません。でも、誰も時として強く思うことは、「噺家になって良かった！」ということかもしれません。それは自分の落語を聴いてくれているお客様が要所要所で声を出して笑ってくれたり、声を出されなくても目が楽しそうに笑っていたり、涙を流して感動してくれたり、そんな様子を一枚の座布団の上で感じ、それを演じている喜びや、お客様への感謝、その噺家としての感動を一度でも感じると、喘ぐことも迷うこともなくなって、「噺家になって良かった！」という気持ちが沸騰してきます。そして再び、その喜びに触れたいと思います。そんな未知への遭遇を探り、喘ぎ続けるのかもしれません。

噺家は一年の内に色々な行事にぶつかります。正月の年始の挨拶、夏の中元の顔出し、暮れの一年の御礼、これは世間と同じですが、正月は前座さんやお囃子さんへのお年玉、この数はたいそうな数です。一年の内に十人近くの前座さんが二ツ目へ昇進しますが、この人たちへの祝金、二ツ目から真打に昇進する噺家も十人ほどあり、そのご祝儀。寄席へ出れば、仲日や楽日のご祝儀。何か手伝って貰ったりした時や落語会での其々(それぞれ)への謝金、お金の出ることをあげれば枚挙のいとまがありません。

でも、それは自分たちが先輩たちからして貰ってきたことだから、それを後輩の噺家に返していくことだと思うと、何の不思議も持たないのです。仲間と話す時に「あの時に兄(あに)さんから、こんなことをして貰った！　あれは嬉しかったです！　本当に助かりました！」など、二十年以上昔のことを未だに忘れずに感謝の気持ちを表してくれたりします。そんな時は照れたりもしますが、ふと自分も同じように先輩にして貰ったことを思い出して、同じように感謝の気持ちが甦ることがあります。

この世界では当たり前のことなのかもしれませんが、喘いで迷ってきた中で、そのことを忘れずに生きてきています。噺家の美学と言えばカッコいいですが、皆歯を喰いしばってきたことは確かだと思います。弟子が経験してきたことは、私も同じように経験してきました。その経験は時代も違うし立場も違います。でも、噺家としてその経験をしてきたのだから、時代や立場が違っても同じ仲間なのだと思います。ただ、他門の弟子なら許せても、自分の弟子だと許せないことがあります。この辺が仲間ではなく、師匠と弟子なのだと思います。私の師匠は、自分の弟子には我慢をさせて、他門の弟子を立てることがよくありました。私たちはそれが誇らしかった！　それは師匠のなさることが、落語界全体の調和を保つためにしていることだからです。それを受け入れている小さんの弟子に対して、皆さんが一目おいてくれることを感じると、やはり誇らしく思います。

私は弟子たちを見て、何となく嬉しく感じる時があります。勿論、そんな様子は見せませんが、それぞれがお互いを大事にし、ある面尊重をしている会話や行動をする姿を垣間見た時にふとそう思います。仲も良いし、お互いを助け合う姿を見ると、何か「とって良かったな。」と思うこともあります。

しかし、弟子が私に対してぞんざいな態度をとったり、師匠に対する尊敬の念が希薄になったりする態度を感じたりすると、「誰のお陰で噺家でいられると思っているんだ！」と怒鳴りたくなることもあります。弟子は、師匠が怒るような言動をとったとは思っていません。だから気付かずにのうのうとしています。そして、師匠が怒った時に初めて気がつきます。「すいません、すいません」とひたすら謝りますが、「二度とこのようなことがないように致します。肝に銘じて生きていきます」と言う決意表明は聞いたことがありません。その場を逃れられれば、全てＯＫなのでしょうか？　そう言えば、私も師匠小さんにそんな決意表明の台詞を言った覚えがありません。やはり、その場合を逃れることができればＯＫだったかも?!　弟子は師匠がどう思っているかを気に掛け、師匠は弟子の思惑を察する、それが為される時は、弟子と師匠は上下関係ではなく、信頼関係になるのだと思います。その信頼関係がなくなった時に師弟関係はなくなり、崩壊して行くのだと思います。

この本に関して、弟子の小志んが兄弟弟子や私の間に入って色々と働いてくれました。そのお陰で世にも珍しい一門本が出来上がりました。私は製作途中で小志んに不満などを言った覚えがあります。兄弟弟子も小志んに反目したことがあるかもしれません。でもそれは弟子であり、兄弟弟子であるから出た不満や反目だと思います。小志んもそれは分かっていると思うし、兄弟子たちも弟弟子に甘えていることを承知しているでしょう。師弟関係の信頼ばかりではなく、弟子同士の信頼関係も一門を成すには大事なことだと思います。

喬太郎、左龍、喬之助、喬志郎、小傳次、さん助、小平太、小志ん、㐂三郎、さん花、やなぎ、小きちの直弟子のジェネレーションギャップは、上と下では三十一年もあります。喬太郎以外は、私が噺家になってから生まれた弟子ばかり。このギャップも当然あります。「愛があれば、歳の差なんて」と言うフレーズは、決して男女関係の言葉ではなくて、全てのことにあてはまるのかもしれません。全てのことに慈しみを持って接することができれば、師弟関係も兄弟関係もぶつかり合うことはないのだ！と、ふと思います。だから弟子諸君、師匠にもっと愛を持って接して貰いたい?!

この度の一門本出版にあたり、お買い上げ下さいました読者の方々、また発刊に際し多方面からご支援を頂きました方々、企画編集をしてくださった秀和システムの岩崎真史さん、本当に有り難うございました。心より厚く御礼申し上げます。有り難うございました。これを機に一門皆々、更に芸道に励み、皆様のご期待に沿うべく精進を重ねていきたいと存じます。今後とも宜しくお願い申し上げます。

柳家さん喬

●カバー&本文デザイン／イラスト　モリモト・パンジャ
●写真　武藤奈緒美
●校閲　稲垣文子（オフィス・プレーゴ）
●協力　よみうり大手町ホール、オフィスエムズ

柳家さん喬一門本
～世にも奇妙なお弟子たち～

発行日　2021年　1月23日　第1版第1刷

著　者　さん喬と弟子たち

発行者　斉藤　和邦
発行所　株式会社　秀和システム
〒135-0016
東京都江東区東陽2-4-2　新宮ビル2F
Tel 03-6264-3105（販売）　Fax 03-6264-3094
印刷所　日経印刷株式会社　Printed in Japan

ISBN978-4-7980-6328-7 C0076